7/8

Treffpunkte.

Lesen üben
Texte verstehen

Arbeitsheft

Herausgegeben von
Wolfgang Menzel

Erarbeitet von
Ingrid Hintz,
Wolfgang Menzel
und Sonja Schlegel

Schroedel

Treffpunkte 7/8

Lesen üben
Texte verstehen

Arbeitsheft

ISBN 3-507-42421-5

Druck A 5 4 3 2 1 / Jahr 07 06 05 04 03

Alle Drucke der Serie A sind im Unterricht parallel verwendbar, da bis auf die Behebung von Druckfehlern untereinander unverändert. Die letzte Zahl bezeichnet das Jahr des Druckes.

Dieses Werk folgt der reformierten Rechtschreibung und Zeichensetzung. Ausnahmen bilden Texte, bei denen künstlerische, philologische oder lizenzrechtliche Gründe einer Änderung entgegenstehen.

Illustrationen: Jaroslaw Schwarzstein, Hannover
Umschlaggestaltung: creativ design, Hildesheim
Satz: Sandra Hammer, Winsen/Luhe
Druck und Bindung: Westermann Braunschweig

Texte: **S. 11**: Peter Hacks. Ballade vom schweren Leben des Ritters Kauz vom Rabensee. Aus: P. Hacks. Der Flohmarkt. Gedichte für Kinder. Berlin: Eulenspiegel Verlag 2001. **S. 13, 46:** Christa Reinig. Robinson. Aus: C. Reinig. Gedichte. Frankfurt a. M.: Fischer 1963. **S. 35:** Klappentexte zu folgenden Jugendbüchern: Inge Meyer-Dietrich. Und das nennt ihr Mut. Ravensburg: Ravensburger Buchverlag Otto Maier 2003; Elisabeth Zöller. Anna rennt. München: Omnibus 2002; Nasrin Siege. Jume – Ein Straßenkind aus Tansania. Weinheim: Beltz & Gelberg 1998. **S. 36:** Kirsten Boie. Mit Jakob wurde alles anders. Hamburg: Oetinger Verlag 1996. **S. 38:** Anders Jacobsson/Sören Olsson. Berts hemmungslose Katastrophen. Aus dem Schwedischen von Birgitta Kicherer. Hamburg: Oetinger 1995. **S. 40:** Doris Meißner-Johannknecht. Rebecca L. Aus: Elisabeth Schöberl/Luitgard Distel (Hrsg.). Anfangs tut es noch weh. Geschichten vom Trennen, Loslassen und Weiterleben. Wien: Ueberreuter Verlag 2002. S. 18 ff.

Bilder: **S. 13**: Robinson Crusoe. Titelbild der ersten, 1719 in London erschienenen Ausgabe. **S. 20:** Laif/Falke. **S. 32:** Visum/The Image Works/Bachmann. **S. 36:** Umschlagillustration von Jutta Bauer. Hamburg: Oetinger Verlag 1996. **S. 38:** Umschlagillustration von Sonja Härdin. Hamburg: Oetinger Verlag 1995.

Inhaltsverzeichnis

Liebe Schülerinnen und Schüler,

das Lesen muss man üben wie das Rechtschreiben!
Lesen können ist für alle Fächer wichtig, – und nicht nur für die Schule.
Je besser man lesen kann, umso mehr versteht man von der Welt.

In diesem Leseheft könnt ihr allein zu Hause arbeiten.
Auf einigen Seiten könnt ihr aber auch miteinander üben.
Und manche Seiten müsst ihr sogar miteinander erarbeiten,
besonders dann, wenn ihr anderen etwas vorlesen sollt
oder mit verteilten Rollen lesen müsst.

Manche Texte werden ausschließlich für das Vorlesen angeboten.
Aber ihr könnt euch natürlich immer die Texte selbst vorlesen.
Dann bringt ihr sie zum Klingen. Und dabei übt man auch!

Auf vielen Seiten müsst ihr ganz bestimmte Aufgaben lösen.
Wenn ihr nicht sicher seid, ob ihr sie richtig gelöst habt,
ist es am besten, wenn ihr miteinander darüber sprecht.
Aber ihr findet die Lösungen auch hinten im Heft.
Schlagt jedoch dort nicht gleich nach, denn sonst lernt ihr nichts!

Immer wenn ihr mit diesem Heft arbeitet, solltet ihr euch
die Materialien bereitlegen, die ihr dafür braucht:
- Bleistift,
- Radiergummi,
- Buntstifte oder farbige Filzstifte,
- Textmarker.

Ihr müsst nämlich immer wieder etwas unterstreichen, ankreuzen,
aufschreiben oder zeichnen. Am besten ist es, wenn ihr das im ersten
Versuch mit dem Bleistift macht, dann könnt ihr noch
korrigieren. Erst wenn ihr sicher seid, solltet
ihr farbige Stifte, Filzstifte oder Textmarker benutzen.

Wo ihr in diesem Heft anfangt, bestimmt ihr selbst.
Auf den Seiten 44 und 45 findet ihr weitere Tipps zum Lesenüben.
Und auf Seite 48 könnt ihr schwierige Wörter nachschlagen.

1. Lies dir die folgenden Veränderungen des bekannten Zungenbrechers genau durch:

Zungenbrecher in 13 Veränderungen

1 Fischers Fritz fischt frischen Fisch.

2 Fischers Fips frisst frischen Fisch.

3 Fischers Fips frisst Fischers Schlips.

4 **Frischen Fisch frisst Fischers Fips.**

5 Fischers Schlips frisst Fischers Fips.

6 *Fischers Fritz sieht das und schwitzt.*

7 **Fischers Fritz schimpft mit Fischers Fips.**

8 Fischers Fips frisst Pommes frites.

9 Fischers Fips fischt einen Fisch.

10 **Fips bringt den Fisch Fischers Fritz.**

11 Fischers Fritz isst Fisch mit Pommes frites.

12 *Frischen Fisch fischt Fischers Fritz.*

13 **Fisch mit Pommes frites isst Fischers Fritz.**

2. Lest in der Gruppe oder in der Klasse der Reihe nach immer einen der Sätze vor.

3. Einige Fragen: Schreibe die richtige Ziffer der Antworten dahinter:
a) In welcher Zeile frisst der Hund Pommes frites? _____
b) In welcher Zeile wird dem Fritz vor Wut heiß? _____
c) In welcher Zeile angelt sich der Hund selbst einen Fisch aus dem Wasser? _____
d) In welcher Zeile gibt der Hund diesen Fisch seinem Herrchen? _____

4. Ihr könnt auch in Gruppenarbeit folgendes Lesespiel machen:
- Einer liest ganz langsam und deutlich einen Satz vor. Er verrät aber nicht welchen.
- Die anderen hören ganz aufmerksam zu.
- Dann müssen sie erraten, welcher Satz vorgelesen wurde.
- Wer es herausbekommen hat, nennt die Nummer des Satzes.
- Er liest den Satz noch einmal vor.
- Wer die richtige Nummer genannt und den richtigen Satz vorgelesen hat, darf weitermachen.

Das kannst du laut sagen!

1 Kannst du das noch einmal etwas lauter sagen?
2 Kannst du das noch einmal etwas lauter sagen?
3 Kannst du das noch einmal etwas lauter sagen?
4 Kannst du das noch einmal etwas lauter sagen?
5 Kannst du das noch einmal etwas lauter sagen?
6 Kannst du das noch einmal etwas lauter sagen?

1. Sprich dir diese Sätze vor. Betone dabei das unterstrichene Wort immer ganz besonders.

2. Gebt euch die Sätze zum Raten auf: Einer liest einen der Sätze – die anderen erraten, welchen er gelesen hat.

3. Wenn einer einen der Sätze 1–6 sagt, dann ist dem wahrscheinlich ein anderer Satz vorausgegangen. Welchen der Sätze a–d könnte wohl jemand vorher gesagt haben? Probiert es mit verteilten Rollen aus und sprecht anschließend über eure Lösungen:

a) Du musst ja nicht gleich schreien, aber ...
b) Entschuldige, ich habe dich nicht richtig verstanden! ...
c) Der Niklas hat gerade so leise gesprochen. Marina, ...
d) Was du da gerade gesagt hast, war sehr wichtig! ...

„Pass doch auf!“

„Du kannst doch den Pfosten nicht einfach umfahren!“, sagte die Frau zu ihrem Mann, der nicht besonders gut Auto fährt.

a) „Du musst ihn umfahren!“
b) „Du musst ihn umfahren!“
c) „Du musst ihn umfahren!“
d) „Du musst ihn umfahren!“

4. Welche Silbe des Wortes „umfahren“ muss im ersten Satz besonders betont werden? Unterstreiche sie.

5. Welche Betonung des zweiten Satzes passt zu dem ersten Satz: a, b, c, oder d? Probiert es miteinander aus.

Man kann einen Satz auf mehrerlei Weise sprechen: laut, leise, protestierend, weinerlich ...
Und man kann auch immer ein anderes Wort betonen.

1. Lies dir den folgenden Text erst einmal ganz durch:

Ich hab es ihm aber gegeben!

1

Ich <u>hab</u> es ihm aber gegeben!
jammerte die kleine Schwester,
als ihr die Mutter den Vorwurf machte,
sie habe das Geld, das sie dem Bruder geben sollte, selbst behalten.

2

Ich hab es ihm aber gegeben!
sagte die Verkäuferin,
als sie beschuldigt wurde,
dem Kunden das Geld nicht zurückgegeben zu haben.

3

Ich hab es ihm aber gegeben!
sagte die Mutter,
die das Schlüsselbund ihrem Sohn,
nicht aber ihrer Tochter gegeben hatte.

4

Ich hab es ihm aber gegeben!
sagte das eine Mädchen,
als das andere Mädchen im Streit behauptete,
das Heft, aus dem der Junge seine Aufgaben abschreibt, sei von ihr.

5

Ich hab es ihm aber gegeben!
sagte die Frau,
die richtig stolz darauf war,
dass sie sich von dem Mann, der sie anrempelte, nichts gefallen ließ.

2. Unterstreiche in den dick gedruckten Sätzen immer das wichtigste Wort, das du besonders betonen musst (manchmal sind es auch zwei!).
Beachte: Es kommt immer auf den Zusammenhang an!

3. Lest euch gegenseitig immer einen der dick gedruckten Sätze vor und lasst die anderen erraten, welchen der Abschnitte 1–5 ihr gemeint habt.

Außergewöhnliche Nachrichten

Madrid. | In einem Dorf in Spanien | ist die Schnecke Pitufo | zum spanischen Meister | im Schieben von Gewichten erklärt worden. | Sie musste einen 240 Gramm schweren Stein vor sich her schieben. In diesem Kampf ließ sie alle anderen Schnecken, die an dieser Meisterschaft teilgenommen hatten, weit hinter sich zurück.

Nairobi. | In einer mit Wasser gefüllten Badewanne | möchte der Autohersteller Tomo Kandu | am Straßenverkehr in Kenia teilnehmen. | Das Badewannen-Auto hat einen Motor und ist nach den Worten seines Erfinders einfach konstruiert. Es sei absolut verkehrssicher. Außerdem sei es bei großer Hitze sehr erfrischend. Eine Raserei mit der Wanne sei nicht zu befürchten, da sonst das Wasser überschwappen würde. Die Höchstgeschwindigkeit beträgt 40 Kilometer pro Stunde.

Barcelona. Eine Lehrerin wollte in ihrem Urlaub die Klassenarbeiten ihrer einundzwanzig Schüler durcharbeiten. Während sie sich am Strand sonnte, räumten Diebe ihr Auto aus und ließen dabei auch sämtliche Hefte mitgehen. Nach der Rückkehr informierte sie ihren Schulleiter. Der nahm seine Kollegin in Schutz. Er sagte, es sei schließlich nicht verboten, Schulhefte mit in den Urlaub zu nehmen. Die Arbeiten mussten noch ein zweites Mal geschrieben werden. Die Schülerinnen und Schüler hatten sich zu früh gefreut.

1. Stell dir vor, du solltest diese Nachrichten als Rundfunksprecher sprechen. Dazu musst du sie langsam, deutlich und gut betont vorlesen. Und das will geübt sein!
- Lies dir die Texte halblaut vor.
- Unterstreiche die Wörter, die du besonders betonen musst.
- Setze Pausenzeichen, wo du eine Pause machen möchtest.

2. Wenn ihr eure Texte so vorbereitet habt, dann sollte sich der Sprecher hinter einen Vorhang oder eine Landkarte setzen und sie so vorlesen, dass die anderen sie gut verstehen.

3. Achtet beim Zuhören auf Deutlichkeit und Sprechtempo des Sprechers – und darauf, ob ihr genauso sprechen würdet.

4. Sammle witzige Zeitungsmeldungen – oder denke dir welche aus – und bereite sie ebenso zum Vorlesen vor.

1. In dem folgenden Dialog liest jeder seine Rolle. Die Rolle von A steht auf dieser Seite, die von B auf der Rückseite. Der eine weiß vom anderen nicht, was er sagen wird; denn er kann es nicht mitlesen. Jeder muss also genau zuhören und abwarten, bis der andere zu Ende gesprochen hat. A fängt an:

Wie spät ist es?

A: Könnten Sie mir bitte sagen, wie spät es ist.
B: …
A: Und?
B: …
A: Ich meine: Wie spät ist es denn nun?
B: …
A: Aber ich habe Sie doch eben um die Uhrzeit gebeten. Und Sie haben *ja gern* gesagt.
B: …
A: Aber das macht man doch so, wenn man höflich sein will.
B: …
A: Dass man fragt: Könnten Sie mir bitte sagen, wie spät es ist.
B: …
A: *Können* oder *könnten*! Wie hätte ich denn Ihrer Meinung nach fragen sollen?
B: …
A: Und dann hätten Sie es mir gesagt?
B: …
A: Wieso nein? Weil das zu unhöflich wäre?
B: …
A: Sondern?
B: …
A: Aber Sie haben doch *ja gern* gesagt.
B: …
A: Aber damit rechnet man doch.
B: …
A: Was heißt hier falsch? Man rechnet damit, dass einem die Uhrzeit gesagt wird.
B: …
A: Auch dann!
B: …
A: Also, wie spät ist es denn nun?
B: …
A: Wieso wissen Sie es nicht?
B: …
A: Unglaublich!
B: …

1. In dem folgenden Dialog liest jeder seine Rolle. Die Rolle von B steht hier, die von A auf der Vorderseite. Der eine weiß vom anderen nicht, was er sagen wird; denn er kann es nicht mitlesen. Jeder muss also genau zuhören und abwarten, bis der andere zu Ende gesprochen hat. A fängt an:

Wie spät ist es?

A: …
B: Ja gern!
A: …
B: Was und?
A: …
B: Woher soll ich das wissen?
A: …
B: Sie haben mich nicht nach der Uhrzeit gefragt, sondern ob ich Ihnen sagen könnte, wie spät es ist.
A: …
B: Was macht man so?
A: …
B: Sie haben *könnten* gefragt. *Könnten*!
A: …
B: Nun, Sie hätten fragen sollen: Wie spät ist es?
A: …
B: Nein.
A: …
B: Nein, deswegen nicht.
A: …
B: Weil ich es nicht weiß.
A: …
B: Ich habe Ihnen auf Ihre Frage geantwortet. Ich habe aber nicht gesagt, dass ich weiß, wie spät es ist.
A: …
B: So? Man rechnet also Ihrer Meinung nach damit, dass man auf eine Frage eine falsche Antwort gibt?
A: …
B: Auch wenn man gar nicht danach gefragt hat …
A: …
B: Na, Sie sind mir ja einer!
A: …
B: Ich sagte Ihnen schon, dass ich es nicht weiß. Dass ich es Ihnen aber gern sagen würde, wenn ich es könnte.
A: …
B: Weil ich keine Uhr habe.
A: …
B: Wieso unglaublich? Sie dürfen es mir ruhig glauben. So höflich könnten Sie wenigstens sein. Wo ich doch so nett zu Ihnen war.

Ballade vom schweren Leben des Ritters Kauz vom Rabensee

Peter Hacks

Es war ein alter Ritter, |
Herr Kauz vom Rabensee. |
Wenn er nicht schlief, | dann stritt er. |
Er hieß: | der Eiserne. |

Sein Mantel war aus Eisen,
Aus Eisen sein Habit.
Sein Schuh war auch aus Eisen.
Sein Schneider war der Schmied.

Ging er auf einer Brücke
Über den Rhein – pardauz!
Sie brach in tausend Stücke.
So schwer war der Herr Kauz.

Lehnt er an einer Brüstung,
Es macht sofort: pardauz!
So schwer war seine Rüstung.
So schwer war der Herr Kauz.

Und ging nach solchem Drama
Zu Bett er, müd wie Blei:
Sein eiserner Pyjama
Brach auch das Bett entzwei.

Der Winter kam mit Schnaufen,
Mit Kälte und mit Schnee.
Herr Kauz ging Schlittschuh laufen
Wohl auf dem Rabensee.

Er glitt noch eine Strecke
Aufs stille Eis hinaus.
Da brach er durch die Decke
Und in die Worte aus:

Potz Bomben und Gewitter,
Ich glaube, ich ersauf!
Dann gab der alte Ritter
Sein schweres Leben auf.

1. Diese Ballade wirkt erst, wenn man sie richtig übertrieben vorträgt. In der ersten Strophe sind die Sinnwörter, die du betonen musst, und die Pausen schon eingetragen. Hier erkennst du auch, dass man manchmal witzig betonen muss, zum Beispiel: *der Eiserne*, damit es sich auf *Rabensee* reimt.

2. Setze die Betonungs- und Pausenzeichen auch in den anderen Strophen ein.

3. Übe das Lesen der Ballade ein und trage sie den anderen vor.

4. Ihr könnt diese Ballade auch sehr gut zu mehreren vortragen:
- Die erste Strophe wird im Sprechchor von allen vorgetragen.
- Die anderen Strophen werden immer von einzelnen gesprochen (so übertrieben wie möglich).
- Die letzten beiden Verse werden dann wieder vom Sprechchor gesprochen.

Das Ende des Ungeheuers

Geierschildkröte endlich gefangen

A So muss es auch mit der Geierschildkröte geschehen sein, die im Dornacher Weiher entdeckt wurde.

B Wie in unserer letzten Ausgabe berichtet, hatte am vorigen Dienstag ein Angler im Dornacher Angelteich eine ungewöhnlich große Schildkröte entdeckt und fotografiert.

C Trotz der Gefährlichkeit des Reptils gibt es noch immer Zoohandlungen, die dieses Tier frei verkaufen, und deren Besitzer dann, weil sie völlig überfordert sind, das Tier wieder aussetzen.

D Jetzt hat die Schildkröte im Zoologischen Institut der Stadt München eine vorübergehende Heimat gefunden.

E Gestern hat nun ein mutiger Mann mit bloßen Händen das Ungeheuer aus dem Teich gezogen. Er packte einfach zu, als er die Schildkröte unter einem Weidenbusch am Ufer entdeckte.

F Fachleute, denen die Fotos gezeigt wurden, identifizierten das Reptil als Geierschildkröte, die sehr gefährlich ist und eigentlich nur in den USA vorkommt. Schon in Brehms Tierleben von 1892 wird vor den mächtigen Kiefern dieses Reptils gewarnt, „das nach allem beißt, was ihr in den Weg kommt". Tatsache ist, dass eine Geierschildkröte armdicke Äste wie Streichhölzer zermalmen kann.

G Genau dies hatten Fachleute geraten: blitzschnell hinten und an beiden Seiten des Panzers zupacken, damit das 75 cm lange Vieh nicht zubeißt.

1. In diesem Zeitungsartikel sind die einzelnen Absätze vertauscht. Suche zuerst nach dem Absatz, den du für den Anfang hältst. Markiere, woran du das gemerkt hast.

2. Suche jetzt Schritt für Schritt die Absätze, mit denen es weitergeht. Meist findest du in den ersten Wörtern eines Absatzes einen Hinweis, aus dem du die Reihenfolge erschließen kannst. Markiere diese Stellen im Text. Tipp: Vielleicht hilft es dir, wenn du den Text kopierst, die Teile ausschneidest und hin und her schiebst, bis die Reihenfolge stimmt.

3. Stelle jetzt die richtige Reihenfolge her:

1._____, 2._____, 3._____, 4._____, 5._____, 6._____, 7._____

4. Bereite den Text anschließend mit Unterstreichungen für Wörter, die betont werden sollen, und Pausenzeichen (|) zum Vorlesen vor.

Alexander Selkirk – Robinson

Der englische Schriftsteller Daniel Defoe nahm sich den Bootsmann Alexander Selkirk, den er selbst noch kennen gelernt hat, zum Vorbild für seinen berühmten Roman „Robinson Crusoe". Später haben sich immer wieder auch Dichterinnen und Dichter mit dem einsamen Inselbewohner Robinson befasst und Gedichte über ihn geschrieben.

1. In dem folgenden Text sind ein Sachtext über Alexander Selkirk und ein Gedicht von Christa Reinig über Robinson ineinander geschrieben worden. Lies den Text erst einmal durch:

Im Jahre 1703 gerät der Bootsmann Alexander Selkirk auf hoher See mit dem Kapitän des Segelschiffs, auf dem er fährt, in einen Streit. Manchmal weint er, wenn die Worte still in seiner Kehle stehn. Das Leben auf dem Schiff wird für den jungen Mann unerträglich. Doch er lernt an seinem Orte, schweigend mit sich umzugehn. Er glaubt, dass das Schiff nicht seetüchtig ist und dass es sicher irgendwo Schiffbruch erleiden wird. Deshalb verlässt er freiwillig den alten Segler und bleibt allein auf einer Insel zurück. Er lebt auf dieser einsamen Insel und erfindet alte Dinge, halb aus Not und halb im Spiel. Er baut sich eine Hütte, fängt Ziegen und jagt Tiere, splittert Stein zur Messerklinge, schnürt die Axt an einen Stiel. Mehrmals erhält er Besuch von landenden Schiffen. Doch die Besucher fürchten sich vor dem fantastischen Mann in seinem Ziegenlederfell – und schießen sogar auf ihn. So bleibt er lange Zeit allein, kratzt mit einer Muschelkante seinen Namen in die Wand, er vergisst beinahe seine Muttersprache, und der allzu oft genannte wird ihm langsam unbekannt. Vier Jahre und vier Monate später kehrt er in seine englische Heimatstadt zurück. Das Segelschiff, auf dem er einst fuhr, ist bei einem Schiffbruch tatsächlich untergegangen.

2. Unterstreiche zuerst einmal vorsichtig mit Bleistift die Stellen, die dir wie ein Gedicht vorkommen. Die Reime helfen dir dabei. Manchmal sind die Gedichtzeilen auch in einem längeren Satz enthalten.

3. Vergleiche dein Ergebnis mit anderen und markiere anschließend die Gedichtzeilen.

4. Lest euch das Gedicht und den Sachtext gegenseitig vor.

5. In einem der beiden Texte ist davon die Rede, dass sich der Einsame eine Waffe herstellt. Kreuze an, in welchem Text das der Fall ist: ☐ in dem Sachtext ☐ in dem Gedicht

Unterstreiche diese Stelle im Text.

1. Lies dir den folgenden Text erst einmal durch:

Spitze! Genau mein Lieblingsgericht!

Vater muss Essen kochen. Er schaut im Kühlschrank nach, was da so alles drin ist. Er findet Gehacktes, eine Flasche Milch, drei Bratwürstchen und Butter. Dann sieht er im Küchenschrank nach: Da sind Spaghetti, Mehl, Reis, Salz, Ketschup und Zucker. Und im Gemüsefach findet er Kartoffeln, Tomaten, ein paar Zwiebeln und Knoblauch.

Vater baut erst einmal alles auf dem Tisch auf und sieht sich die Schätze an: Kartoffeln, Zwiebeln, Tomaten, Knoblauch, Reis, Spaghetti, Zucker, Ketschup, Salz, Mehl, Milch, Butter, das Gehackte und auch die Bratwürstchen.

„Daraus ließe sich einiges zusammenbrauen!“, sagt er zu sich selbst. „Aber was?“ Vielleicht Kartoffelbrei mit Bratwürstchen? Oder Milchreis? Oder Kartoffelpuffer? Oder Reis mit Zwiebeln und Gehacktem? – Wer weiß, ob das alle mögen! Plötzlich sagt er: „Jetzt hab ich's!“ Und dann packt er die Sachen wieder weg, die er nicht brauchen kann: die Kartoffeln, die Milch, die Bratwürstchen, das Mehl, den Reis und den Zucker. Er macht sich an die Arbeit.

Und dann kommen Mutter und Felix zur Tür herein. „Das duftet ja wahnsinnig!“, ruft die Mutter. Und Felix sagt: „Spitze! Mein Lieblingsgericht!“ Der Vater ist stolz! – Was hat er wohl gekocht?

2. Kannst du die Frage schon beantworten? Wenn du nicht sicher bist, lies den Text noch einmal ganz genau durch.

3. Unterstreiche alle Dinge, die der Vater auf den Tisch gestellt hat. Und dann unterstreiche alles, was er wieder weggeräumt hat. Was jetzt noch übrig ist, solltest du mit roter Farbe markieren. Jetzt weißt du, was er für sein Essen gebrauchte!

4. Welches Bild passt zu der Geschichte? Streiche alle Dinge in den Bildern an, die auch in der Geschichte auf dem Tische stehen. Dann weißt du, welches Bild falsch ist.

Die Texte auf dieser Seite handeln von dem gleichen Ereignis: Im ersten Text berichtet ein Polizist einem Zeitungsreporter, was er erlebt hat. Der zweite Text gibt wieder, was später darüber in der Zeitung stand.

1. Lies die beiden Texte. Wenn dir dabei irgendetwas auffällt, was in dem zweiten Text sachlich anders ist als in dem ersten Text, dann streiche es an.

Gute Nase – was der Polizist berichtete

„Sowas habe ich noch nie erlebt!“, sagte Polizeihauptmeister Neumann zu dem Zeitungsreporter. „Da ruft doch gestern ein Blinder bei uns an. Er sagt, dass er überfallen worden sei. Wir vom Revier wollten die Verfolgung gar nicht erst aufnehmen. Der Blinde konnte uns ja noch nicht mal sagen, wie der Täter aussah. Aber er war sicher, dass wir ihn finden würden. Er sagte doch tatsächlich, dass er den Täter riechen kann. Lächerlich! Wir hielten das Ganze für eine Falle. Aber gut, ich ging los. Man muss ja einer Anzeige nachgehen. Und ich fand den Blinden auch gleich. Ich begab mich dann mit ihm auf die Suche. Und sie werden es nicht glauben! In einem Kiosk ging der Mann schnurstracks auf einen Kerl los und sagte: Es gibt keinen Zweifel. Der ist es gewesen! Der Kerl leugnete zwar zuerst alles ab. Doch dann fand ich das Geld und den Ausweis des Blinden in seiner Hosentasche und führte ihn ab. Einfach unglaublich!“

Gute Nase – was in der Zeitung stand

Jeder Polizeihund würde den blinden Spanier Paco Santos um seine Nase beneiden. Als der wehrlose Mann eines Tages in der Stadt von einem Mann überfallen und all seines Geldes beraubt worden war, konnte er genau den Weg angeben, den der Räuber gegangen war. Er führte dank seines besonders feinen Geruchssinnes die Polizisten, die er auf dem Revier schnell gefunden und denen er seinen Blindenausweis gezeigt hatte, einige Straßen weiter in eine Bar. Dort ging der Blinde auf einen Mann zu, den er sicher erschnupperte. „Es gibt keinen Zweifel. Der ist es gewesen!“, sagte er. Der Dieb war derartig verwirrt, dass er den Überfall augenblicklich zugab. Die Polizei konnte dem Kerl das Diebesgut wieder abnehmen und ihn abführen.

2. Der Polizist hatte dem Reporter an einigen Stellen etwas anderes erzählt, als dann in der Zeitung stand. Lies noch einmal und markiere die unterschiedlichen Stellen in beiden Texten.

3. Zwei Sätze hat der Reporter aber wörtlich in seinen Bericht übernommen. Unterstreiche sie in einer anderen Farbe.

Die Katze – ihre Abstammung und ihre Sinne

Alle Katzenarten, die Hauskatze ebenso wie die Löwen, stammen von der Säbelzahnkatze ab, die vor ungefähr 55 Millionen Jahren lebte. Mit der Zeit entwickelte sich aus ihr die Europäische Wildkatze, von der unsere Hauskatzenarten abstammen. Da der Lebensraum der Wildkatzen durch die Menschen bedroht ist, stehen sie heute unter Naturschutz. Der Mensch machte den ersten Kontakt mit einer Katze, als er anfing sich in Häusern oder Höhlen niederzulassen, denn die umherstreunenden Wildkatzen suchten sich die weggeworfenen Nahrungsreste der Menschen. Zur Hauskatze wurde die Katze bei den alten Ägyptern vor ungefähr 7000 Jahren. Sie war beliebt, weil sie die Mäuse und Ratten in den Häusern jagte. Später wurde die Katze sogar als Göttin verehrt. In Europa wurde die Katze ebenfalls als Mäusejäger beliebt. Die Menschen begannen in ihrer Freizeit Katzen zu züchten.

Der Körperbau unserer Hauskatze ist immer noch so gebaut, dass sie ohne den Menschen überleben könnte. Ihre Krallen kann sie in ihre Pfoten zurückziehen. Dadurch schützt sie sie vor Abnutzung. Mit ihren Krallen kann die Katze auf Bäume klettern und ihre gejagte Beute festhalten. Die Krallen dienen der Katze auch als Waffe, wenn sie sich verteidigen muss. Ihren Geruchssinn benutzt die Katze nicht zur Jagd; ihre Nase hilft ihr aber, andere Katzen wiederzuerkennen. Ihr guter Geschmackssinn schützt sie vor schlechter, vergifteter Nahrung. Am besten ist der Sehsinn der Katze entwickelt. Sie kann sechsmal besser sehen als wir Menschen. Mit ihren guten Augen kann die Hauskatze auch in der Nacht sehen. Bei der Geburt haben die Katzenjungen noch die Augen zu, denn sie sind blind und taub. Nach einigen Tagen öffnen sie die Augen und erst danach können sie auch hören.

1. Lies den Text über die Katze auf S. 16 aufmerksam durch und entscheide dann, ob die folgenden Aussagen richtig oder falsch sind:

		richtig	**falsch**
1.	Die Hauskatze stammt vom Löwen ab.	☐	☐
2.	Unsere Katzenrassen stammen von der Europäischen Wildkatze ab.	☐	☐
3.	Die Hauskatze ist in Europa als Mäusejäger beliebt.	☐	☐
4.	Die Säbelzahnkatze ist der Vorfahr aller Katzenarten.	☐	☐
5.	Die Wildkatze wurde in Europa zur Hauskatze.	☐	☐
6.	Die Säbelzahnkatze lebte vor ungefähr 44 Millionen Jahren.	☐	☐
7.	Zur Hauskatze wurde die Katze bei den alten Griechen.	☐	☐
8.	Hauskatzen können auch ohne den Menschen überleben.	☐	☐
9.	Am besten ist der Geruchssinn bei den Katzen ausgebildet.	☐	☐
10.	Katzen können sechsmal besser sehen als wir Menschen.	☐	☐

Der Text enthält Aussagen ...		**richtig**	**falsch**
a)	über den Tastsinn der Katze.	☐	☐
b)	über die Anzahl der Katzenjungen.	☐	☐
c)	über die Abstammung der Katze.	☐	☐
d)	über den guten Sehsinn der Katze.	☐	☐
e)	über die Ernährungsweise der alten Ägypter.	☐	☐
f)	über die Krallen der Katze.	☐	☐
g)	über die Bedrohung des Lebensraums der Wildkatze.	☐	☐
h)	über den ersten Kontakt des Menschen mit der Katze.	☐	☐
i)	über die Jagdgewohnheiten der Hauskatze.	☐	☐
j)	über die Unterschiede zwischen Katze und Hund.	☐	☐

2. Finde heraus, zu welchen Textzeilen die vier Illustrationen zum Text passen:

Illustration 1 passt zu Zeile _____.

Illustration 2 passt zu Zeile _____.

Illustration 3 passt zu Zeile _____.

Illustration 4 passt zu Zeile _____.

1. Lies den Text über Sherlock Holmes aufmerksam durch und entscheide dann, welche der unten stehenden Aussagen mit dem Text übereinstimmen. Markiere die richtigen Antworten und die zugehörigen Stellen im Text.

Wer war Sherlock Holmes?

Der berühmteste Autor von Detektivgeschichten war der schottische Arzt Arthur Conan Doyle (1859 bis 1930), der die Figur des Detektivs Sherlock Holmes und seines Begleiters Dr. Watson erfunden hat. Er schilderte sie in seinen Büchern so lebensecht, dass noch heute Briefe von begeisterten Lesern an der erfundenen Adresse „221 B, Baker Street" in London eintreffen. Holmes bediente sich schon damals nicht nur seines scharfen Verstandes, sondern nutzte auch ausgiebig naturwissenschaftliche Methoden und nahm damit die Entwicklung der Kriminalistik des 20. Jahrhunderts vorweg. Bis zum Zweiten Weltkrieg galten die Sherlock-Holmes-Bücher ganz offiziell als „Pflichtlektüre" für angehende Kriminalisten.

Wer freilich meint, diese Literatur zeige den Alltag der heutigen Verbrechensbekämpfung, täuscht sich gewaltig. Sicher ist logisches Denken eine auch für moderne Kriminalisten wichtige Fähigkeit, doch Detektive wie Sherlock Holmes spielen hier keine Rolle mehr. Auch sind die Fälle selten so einfach und übersichtlich (zumindest im Nachhinein), wie sie es in Kriminalromanen wohl sein müssen. In Wirklichkeit kommt es vor allem auf genaue Feststellung und Auswertung der Spuren am Tatort und in der Umgebung des möglichen Täters an sowie auf langwierige Zeugensuche und Zeugenbefragungen. Ein moderner Kriminalbeamter muss sich, im Gegensatz zu vielen Roman- und Filmhelden, auch sehr genau an die gesetzlichen Bestimmungen halten und er muss alle Phasen seiner Arbeit genauestens schriftlich festhalten, sodass er einen großen Teil seiner Zeit im Büro verbringt. Und schließlich ist moderne Verbrechensaufklärung Teamarbeit. Große Einzelgänger wie in Romanen und Fernsehfilmen hätten heute kaum eine Chance.

Was steht im Text?

1. Der Detektiv Sherlock Holmes wohnte
a) 110, Downing Street, London.
b) 221 B, Baker Street, London.
c) 221 B, Baker Street, New York.

2. Sherlock Holmes löste seine Fälle
a) mithilfe des Computers.
b) mithilfe der Kollegen von der Polizei.
c) mit naturwissenschaftlichen Methoden.

3. Der Autor Arthur Conan Doyle war
a) ein schottischer Detektiv.
b) ein schottischer Arzt.
c) ein englischer Arzt.

4. Der Begleiter von Sherlock Holmes hieß
a) Dr. Watson.
b) Dr. Stetson.
c) Dr. Miller.

5. Moderne Kriminalbeamte müssen sich halten an
a) das Handbuch für Kriminalisten.
b) die gesetzlichen Bestimmungen.
c) die Anweisung ihrer Vorgesetzten.

6. Heute kommt es vor allem an auf die Auswertung
a) der Fingerabdrücke an Gegenständen.
b) der Verbrecherkarteien.
c) der Spuren am Tatort.

Stimmt das?

Meine Freundin wollte mir kürzlich weismachen, dass die Flamingos deswegen rosa sind, weil sie sich von Krabben ernähren. Deswegen bekämen sie im Zoo Krabben zu fressen. Stimmt das?

1. Lies den folgenden Text zuerst nur einmal unter dem Gesichtspunkt, ob die Freundin Recht hat oder nicht. Lass dich dabei von den Fremdwörtern nicht stören. Du musst nicht jedes Wort verstehen!

Die rosa Farbe der Flamingos kommt von einem Farbstoff, der auch in Möhren oder Karotten vorkommt und zu der Gruppe der Karotine zählt. Um diese Farbe zu bilden, braucht der Flamingo karotinhaltige Nahrung. Je stärker nämlich die rosa Farbe bei einem Flamingohahn leuchtet, umso größere Chancen hat er bei den Weibchen. Wenn er weiß bleibt, kümmert sich kein Weibchen um den Blässling und es klappt bei ihm mit der Fortpflanzung nicht. In der freien Natur entnehmen Flamingos das Karotin den Krebsen und Algen, die zu ihrer Nahrung gehören. In den Zoos müssen die Farbstoffe dem Futter zugesetzt werden. Früher gab man den Vögeln deswegen Karotten zu fressen. Heute wird das Flamingofutter mit diesem Farbstoff angereichert.

Schön rosa oder pink mögen es aber nicht nur die Flamingos, sondern auch die Menschen. Sie lassen ihrem Appetit offenbar lieber von rötlichem als von weißem Fischfleisch anregen, sodass man heute auch die Zuchtforellen und Lachse mit Karotin füttert. Die Fische selbst benötigen die rote Farbe nicht. Sie sind, solange sie in freien Meeren leben, mit weißgrauem Fleisch ausgekommen. Das hat ihren Feinden offenbar immer geschmeckt.

Übrigens: Fragen Sie doch einmal Ihre Freundin, ob sie rosa Haut auch so gern mag wie die Flamingoweibchen. Wenn ja, dann sagen Sie ihr: Krabben und Krebse essen würde in diesem Fall kaum helfen.

2. Lies den Text jetzt noch einmal genau und beantworte folgende Fragen. Markiere dazu die Stellen im Text:

a) Woher bekommen die Flamingos im Zoo ihre rosa Farbe?
b) Woher bekommen sie sie in freier Wildbahn?
c) Was ist Karotin?
d) Warum füttert man auch Zuchtfische mit Karotin?
e) Wie sähen Flamingos aus, wenn sie keine Farbstoffe bekämen?
f) Bekommen auch Menschen durch Krebse eine rote Haut?

3. Die Antwort des Fachmannes ist insgesamt sehr sachlich, aber an einigen Stellen auch unterhaltsam geschrieben. Unterstreiche Wörter oder Sätze, in denen sich der Verfasser um Witz und Unterhaltsamkeit bemüht.

Wie ein Film entsteht

Jeden Tag werden viele Filme im Fernsehen und im Kino gezeigt. Die meisten sind weniger als zwei Stunden lang, doch um sie herzustellen, braucht es sehr viel mehr Zeit. Viele Menschen sind daran beteiligt:

Der Produzent entscheidet zunächst, was für ein Film gedreht werden soll. Zusammen mit dem Regisseur entwickelt er die Idee für das Drehbuch sowie den Kosten- und Zeitplan. Der Drehbuchautor schreibt dann die einzelnen Szenen des Films mit den Dialogen, die die Schauspieler sprechen. Im Anschluss daran wird der Drehort von den Requisiteuren ausgestattet. Die Techniker stellen Mikrofone und helle Lampen für die Aufnahmen bereit. Das alles wird vom Produzenten überwacht. In der Zwischenzeit werden die Schauspieler von den Maskenbildnern geschminkt. Das kann einige Stunden dauern, da manche Masken sehr aufwändig sind.

Nun können die Aufnahmen beginnen. Die Schauspieler spielen die einzelnen Szenen des Filmes und werden dabei von den Kameraleuten gefilmt. Manchmal wird eine Szene viele Male wiederholt, bis der Regisseur mit dem Ergebnis zufrieden ist. Wenn die Aufnahme abgeschlossen ist, wird das ganze Filmmaterial von den Cuttern geschnitten. Die Cutter reihen die einzelnen Szenen so aneinander, wie der Film schließlich im Kino oder Fernsehen gezeigt werden soll.

1. Lies die Aufgaben a und b. Überlege dir, welche du zuerst machst, und bearbeite sie dann:

a) Hier sind einige Aussagen zum Text. Welche stimmen? Welche stimmen nicht?

	stimmt	**stimmt nicht**
Was für ein Film gedreht werden soll, entscheidet der Produzent.	☐	☐
Der Regisseur entwickelt zusammen mit dem Requisiteur den Kosten- und Zeitplan.	☐	☐
Der Drehbuchautor schreibt, was die Schauspieler in den einzelnen Szenen sagen sollen.	☐	☐
Für den Ton und das Licht bei den Aufnahmen sind die Techniker zuständig.	☐	☐
Die Schauspieler und die Maskenbildner schminken sich.	☐	☐
Die Cutter filmen die Schauspieler bei ihrer Arbeit.	☐	☐

b) In dem Text werden viele Berufe genannt, die mit der Produktion eines Filmes zu tun haben. Schreibe die Berufe in der folgenden Tabelle in die linke Spalte. Notiere rechts daneben, was die Menschen in diesen Berufen machen.

Produzent	– entscheidet, was für ein Film gedreht werden soll –

2. Was ist dein Lieblingsfilm?

Was ist das Besondere an diesem Film – die Schauspieler, das Drehbuch, die Masken oder etwas anderes? Notiere dies in Stichworten:

1. Lies den folgenden Text und kläre alle unbekannten Wörter. So kannst du vorgehen:
- Unterschlängele das unbekannte Wort und suche nach einer Textstelle, an der es sich aus dem Zusammenhang erklärt. Unterstreiche diese Textstelle. Zwei Wörter sind bereits unterschlängelt und deren Erklärungen unterstrichen.
- Wenn du im Text keine Erklärung findest, dann kannst du in einem Wörterbuch oder im Wörterverzeichnis hinten im Heft nachschlagen oder jemanden nach der Bedeutung fragen.

Schreibe die Erklärung der Wörter neben den Text.

Die Weltmeere

Der größte Ozean heißt Pazifik. Er reicht von der Ostküste Asiens bis zur Westküste Amerikas. In ihm befindet sich die tiefste Stelle der Erde in Form eines Tiefseegrabens: der Marianengraben. Dort ist es über 11 km tief, kalt und dunkel. Es gibt jedoch nicht nur Gräben auf dem Meeresgrund, sondern auch große vulkanische Gebirgsketten. Sie sind entstanden, weil dort zwei Erdplatten aufeinander treffen. Einige der Vulkane sind als Inseln sichtbar über der Wasseroberfläche, zum Beispiel der Mauna Loa auf Hawaii, der größte Vulkan der Erde. Die Fischerei im Pazifik erbringt über die Hälfte der gesamten Weltproduktion.

Der Atlantik ist der zweitgrößte Ozean. Er trennt Amerika von Europa und Afrika und erstreckt sich vom Nordpolarmeer zum Südpolarmeer. Durch den mittelatlantischen Rücken ist der Ozean in zwei Längsbecken unterteilt. Meeresströmungen durchqueren wie riesige Flüsse die Meere und sorgen im Atlantik dafür, dass das Klima in Europa mild ist, indem sie warmes Wasser aus dem Golf von Mexiko bis in den Nordatlantik bringen. Zwischen Europa und Amerika besteht ein reger Schiffsverkehr. Viele Güter werden so von einem Kontinent zum anderen transportiert.

Der Indische Ozean, der drittgrößte, liegt zwischen Indien, Afrika und Australien. Er wird durch untermeerische Rücken in elf Tiefseebecken gegliedert. In den Tropen wehen starke Monsunwinde, die bewirken, dass zweimal pro Jahr die Meeresströmung die Richtung umkehrt. Der Sommermonsun bringt sehr viel Feuchtigkeit mit sich. Dies führt an Land zu starken Regenfällen.

Das Südpolarmeer umgibt den Südpolkontinent – die Antarktis, die das ganze Jahr über von Eis bedeckt ist. Über die Hälfte des Meeres ist im Winter gefroren. Wenn die Temperatur im Frühling steigt, lösen sich riesige Eisberge von den Gletschern und schwimmen auf dem Meer. Auf den Treibeisgebieten des Südpolarmeers leben Pinguine, Robben und See-Elefanten.

Das Nordpolarmeer grenzt an den Norden Europas, Asiens und Amerikas. Es ist im Winter fast völlig mit Packeis bedeckt, das sich jedoch ständig in Bewegung befindet. Hier leben Seehunde, Eisbären und Polarfüchse. Nur starke Eisbrecher können sich durch das dicke Eis im Nordpolarmeer bewegen. Sie brechen es auf und machen die See für kurze Zeit befahrbar. Neben den großen Erdölvorkommen spielt der Fischfang hier eine wichtige Rolle.

2. Hier siehst du eine angefangene **Mindmap**. Damit kann man den Inhalt eines Textes gegliedert darstellen:
In der Mitte der Mindmap steht der wichtigste Begriff aus dem Text.
Von diesem Begriff gehen dicke, farbige Äste aus. Auf jedem Ast stehen die jeweils wichtigsten Begriffe aus *einem* Absatz des Textes.
Drei dicke Äste sind noch nicht beschriftet. Lies den Text nun noch einmal und ergänze die unbeschrifteten Äste.

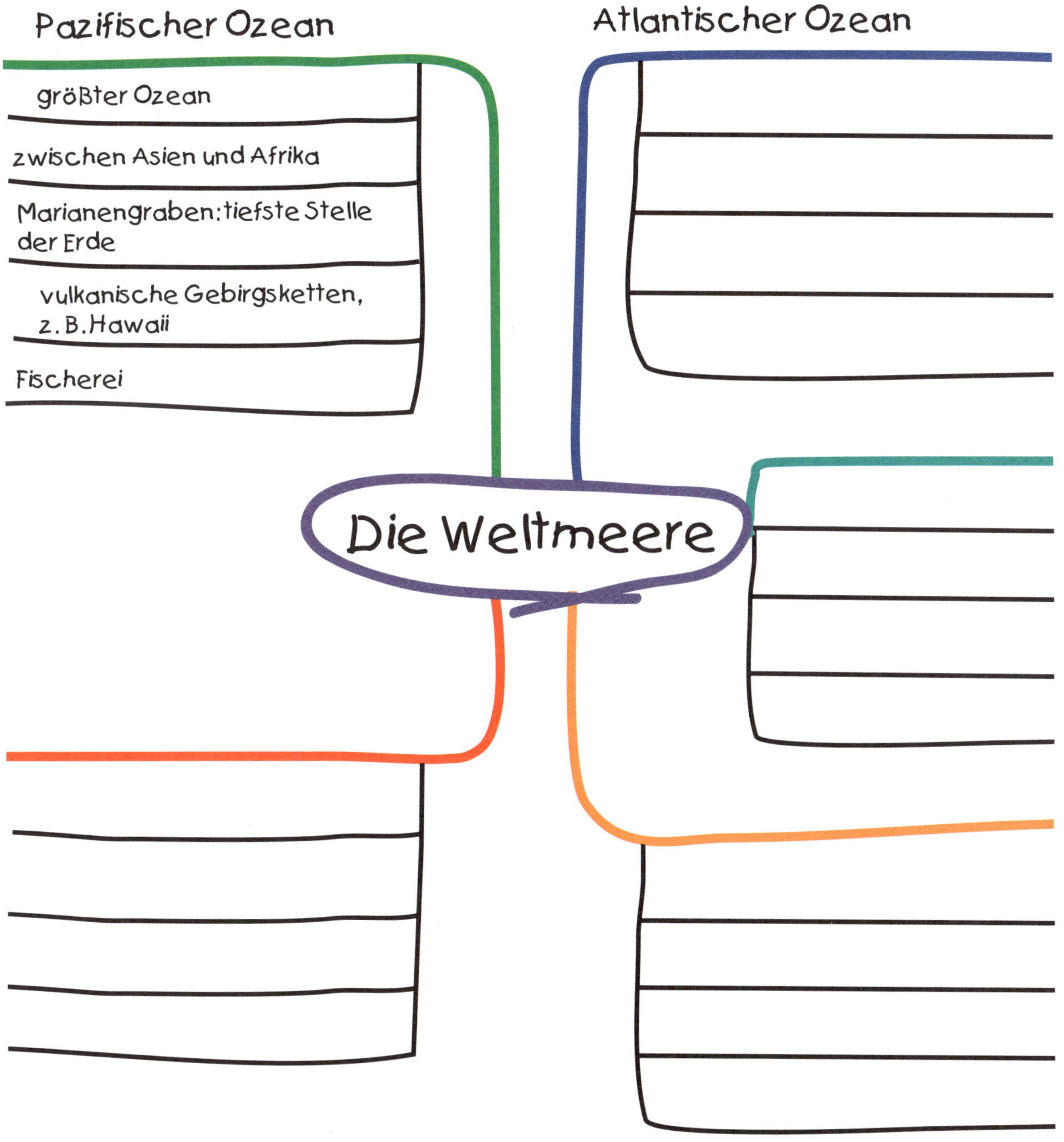

3. Von den dicken Ästen gehen dünne Zweige aus, auf denen wichtige Inhalte aus den einzelnen Absätzen des Textes in Stichworten festgehalten werden.
Markiere mit einem Textmarker im ersten Absatz des Textes die Wörter/Wortgruppen, die wiedergeben, was auf den dünnen Zweigen steht. Eine Textstelle ist bereits markiert.
Ergänze nun die anderen Zweige in der Mindmap. Du kannst auch weitere Zweige einzeichnen, wenn du mehr Stichworte notieren willst.

1. Mit Sachtexten kann man sich über verschiedene Themen informieren. Dabei ist es hilfreich, sich vor dem Lesen zu überlegen, was man von einem Text erfahren möchte. Lies daher zuerst nur die Überschrift des Textes auf Seite 25.

2. Was möchtest du über das Internet wissen? Schreibe deine Fragen in die linke Seite der Tabelle:

Was möchte ich über das Internet wissen?	Welche Antworten habe ich aus dem Text bekommen?

3. Lies nun den Text.

4. Schau dir noch einmal an, welche Fragen du in der Tabelle notiert hast. Kannst du sie mithilfe des Textes beantworten? Unterstreiche die Antworten auf deine Fragen im Text.

5. Trage die Antworten nun in die rechte Spalte der Tabelle ein.

6. Schau dir die linke Spalte der Tabelle genau an. Hast du dort auch Fragen notiert, die du mithilfe des Textes nicht beantworten kannst? Unterstreiche diese Fragen.

7. Oft tauchen nach dem Lesen eines Textes neue Fragen auf. Welche neuen Fragen hast du? Notiere sie hier:

Welche neuen Fragen habe ich?

DAS INTERNET

Das Internet ist ein Netzwerk, das Millionen von Computern auf der ganzen Welt miteinander verbindet. Verglichen mit anderen Medien, wie dem Radio oder Telefon, ist es noch jung: Ende der 60er-Jahre wurde es vom amerikanischen Militär entwickelt. Mittlerweile wird es jedoch weit darüber hinaus genutzt. Viele Menschen haben heute Zugang zum Internet – an ihrem Arbeitsplatz, in der Schule, in speziellen Internetcafés oder zu Hause. Wer von zu Hause aus ins Internet möchte, braucht dafür einen Computer und entweder ein Modem oder einen ISDN-Anschluss sowie eine ISDN-Karte, die in den Computer eingebaut wird. Zudem müssen für die Nutzung des Internets Gebühren bezahlt werden, die sich nach der Nutzungsdauer richten – wie beim Telefonieren.

Vom Computer aus loggen sich Internetnutzer in eine riesige Informationsdatenbank ein, in das World Wide Web. Dort können sie zum Beispiel aktuelle Nachrichten lesen und nachschauen, wann der nächste Zug fährt oder was abends im Kino gezeigt wird. Zu nahezu allen Themen lassen sich Informationen im Internet finden und jeder – ganz egal ob Firma oder Privatperson – kann dort auch etwas veröffentlichen. Nicht nur geschriebene Sprache kann übermittelt werden, sondern auch Bilder, Musik, Videos, Spiele oder ganze Computerprogramme. Auf einigen Websites verkaufen Firmen oder Privatpersonen ihre Waren, die man über das Internet bestellt und sich nach Hause liefern lässt.

Suchmaschinen helfen den Internetnutzern dabei, sich in der Fülle der Informationen im Internet zurechtzufinden. Man ruft eine Suchmaschine auf und tippt dort ein Suchwort ein. Wenig später wird in einer Übersicht alles angezeigt, was im Internet zum gesuchten Begriff gefunden wurde, und man kann von dort aus per Mausklick direkt auf die jeweiligen Seiten gelangen.

Viele Briefe werden heute nicht mehr per Post geschickt, sondern als E-Mail am Computer geschrieben und über das Internet versendet. Eine E-Mail ist nur wenige Sekunden unterwegs, selbst wenn der Empfänger weit entfernt wohnt, und in ihrem Anhang lassen sich zusätzliche Daten wie elektronisch gespeicherte Bilder oder andere Texte mitschicken. So kann man schnell und bequem mit anderen Menschen kommunizieren.

Im Internet gibt es auch Chatrooms, in denen man mit mehreren Internetnutzern chatten kann. Dazu schreibt man etwas auf, schickt es ab und alle, die zur gleichen Zeit in diesem Chatroom sind, können diese Nachricht lesen und selbst etwas dazu schreiben. Es gibt sowohl allgemeine als auch spezielle Chatrooms (zum Beispiel zur Haltung von Hunden oder Chatrooms für Kinder und Jugendliche).

1. Viele Veranstalter bieten während der Sommerferien Ferien-Freizeiten an. Lies die folgenden Angebote eines Kreissportbundes zunächst aufmerksam durch:

Ferien-Freizeit mit der Sportjugend

Fichtelgebirge
Fichtelberg-Neubau ist ein Luftkurort im Naturpark Fichtelgebirge, idyllisch sowie romantisch gelegen. Natur pur - aber viel zu bieten! Das Jugendheim, in dem die Unterbringung erfolgt, liegt nur ca. 500 Meter von dem im Wald gelegenen Fichtelsee entfernt, der zum Schwimmen und Tretbootfahren einlädt. Unter dem Motto „Spiel, Sport und Spaß“ ermöglicht die Einrichtung ein vielfältiges Programm während der Freizeit. Tischtennisplatten, Fußballfeld, Bolzplatz und Tennisplatz eignen sich für viele sportliche Aktivitäten. Die Umgebung bietet weitere reichhaltige Möglichkeiten der Freizeitgestaltung, sodass auch Inliner- und Skateboardfahrer auf ihre Kosten kommen. Bettwäsche braucht nicht mitgebracht zu werden.

Sport- und Jugendheim, 95686 Fichtelberg/Neubau, 315 €, 10.7.–23.7.
Angebot Nr. 1, Alter: 11 bis 14 Jahre.

Balatonalmàdi/Ungarn
Das Hotel liegt unmittelbar am Plattensee. Neben dem hoteleigenen Strand bietet das Hotel Drei-Bett-Zimmer mit Dusche, WC, Fernseher und Balkon. Der Plattensee (auf ungarisch *Balaton*) ist nicht nur der größte, sondern auch der schönste Badesee Ungarns. Er bietet viele Freizeitmöglichkeiten vom Tretbootfahren bis hin zum Segeltörn. Auch andere sportliche Aktivitäten wie Tennis, Tischtennis, Streetbasketball und Beachvolleyball können ausgeübt werden. Tagesfahrten nach Budapest werden durchgeführt. Auch Fahrradtouren sind in Absprache mit den Jugendlichen möglich. Bettwäsche muss nicht mitgenommen werden; Luftmatratzen können mitgebracht werden.

Balaton-Hotel, 8220 Balatonalmàdi, Ungarn, 435 €, 12.7.–28.7.
Angebot Nr. 2, Alter: 14 bis 18 Jahre.

Langeoog/Nordsee
Das Zeltlager der Sportjugend liegt ca. 5 Kilometer von der Ortschaft Langeoog entfernt an der Melkhörndüne im Naturpark Wattenmeer. Bewachsene Dünen schützen die Rundzelte, die mit Holzfußboden ausgestattet sind. Vorbildliche Sanitäranlagen und ein Gemeinschaftsraum sind vorhanden. Zum Zeltlager gehören ein eigener Strandabschnitt, ein Sportplatz, ein Volleyballfeld, ein großräumiges Tischtenniszelt, eine Kletterwand, ein Bastelraum, ein Grillplatz und ein Fotolabor. Eine Kutterfahrt, eine Wattwanderung und eine Fahrradtour sind vorgesehen. Aktions- und Diskoabende runden das umfangreiche Programmangebot ab. Trinkbecher, Geschirrtuch und ein Schlafsack sind erforderlich.

Zeltlager des LSB, 26465 Langeoog, 305 €, 9.7.–23.7.
Angebot Nr. 3, Alter: 11 bis 14 Jahre.

Rimini/Italien
Kilometerlange, feinsandige Strände, das weite adriatische Meer, Sonne ohne Ende – unter diesen Bedingungen trifft sich in Rimini jedes Jahr die Jugend Europas. Die Teilnehmer erwartet ein aufregender Bade- und Fun-Urlaub an Italiens sonnenverwöhnter Küste. Wir wohnen in dem direkt am Strand gelegenen Hotel in 3-bis-4-Bett-Zimmern, die alle mit Bad oder Dusche/WC ausgestattet sind. Auf der hoteleigenen Sonnenterrasse mit direktem Zugang zum Meer sind Liegestühle und Sonnenschirme aufgestellt. Ein moderner Reisebus gibt Gelegenheit zu Tagesfahrten. Auf der Terrasse gibt es abends Open-Air-Filme. Sonnenmilch und Strandtücher nicht vergessen!

Hotel Milano, 47811 Viserba, Italien, 350 €, 10.8.–19.8.
Angebot Nr. 4, Alter: 13 bis 15 Jahre.

2. Entscheide dich für eines der Angebote und fülle das Anmeldeformular aus:

Anmeldung für die Teilnahme an einer Ferien-Freizeit

Angaben zur Person:

Name: ____________________ Vorname: ____________________

Anschrift: ____

Name eines/einer Erziehungsberechtigten: ____________________

Telefon: ____________ Fax: ____________ E-mail: ____________

Geburtstag: ____________________ O weiblich O männlich

Fremdsprachenkenntnisse: ____

Hobbys: ____

Angaben zur Freizeit:

Gewünschter Ort: ____________________ Land: ____________________

Anschrift der Unterbringung: ____

Angebot Nr.: ____________ Preis: ____________ Altersbegrenzung: ____________

Mitzubringen: ____

Gewünschte Unterbringungsart: ____

Warum hast du dieses Angebot gewählt?

____

____

____

Besondere Interessen und Wünsche während der Freizeit:

____

____

1. Lies zunächst einmal den folgenden Text zur Geschichte des Geldes:

Geschichte des Geldes

Wer etwas anderes haben möchte, als das, was er selbst besitzt oder herstellen kann, muss tauschen. Da jedoch nicht alles gleich viel Wert besitzt, braucht man ein Tauschmittel, mit dem der Wert von Waren bemessen werden kann. Seit der Altsteinzeit verwendeten die Menschen hierfür Naturalgeld. Das waren wertvolle Dinge, mit denen sie tauschen konnten, zum Beispiel Salzbarren oder Schmuckschnecken gegen Vieh.

Münzgeld wurde seit ungefähr 800 vor Christus als Zahlungsmittel eingesetzt. Damals waren die Münzen meist aus wertvollen Silber- oder Goldplättchen, auf die die Herrscher ihre Stempel aufprägen ließen.

Aus China ist aus dem 14. Jahrhundert das erste Papiergeld bekannt. Seit dem 17. Jahrhundert gaben auch europäische Banken Geldscheine aus Papier aus. Dies war sehr viel praktischer als Münzen, die schwer und klein gestückelt waren. Doch es dauerte noch lange, bis die Menschen dem Papiergeld vertrauten, da Papier im Unterschied zu Münzen aus Gold und Silber keinen hohen Wert besitzt.

In Deutschland gab es bis ins 19. Jahrhundert viele selbstständige Kleinstaaten, Fürstentümer und Städte, die alle ihr eigenes Geld verwendeten. Die erste einheitliche Währung, die Mark, wurde nach der Gründung des Deutschen Reiches 1871 eingeführt.

Während des ersten Weltkrieges wurde immer mehr Geld gedruckt, um damit den Krieg zu finanzieren. Es gab jedoch auch immer weniger Waren, sodass in den folgenden Jahren die Preise stark stiegen. Man bekam 1920 zehn Eier für 3,90 Mark und drei Jahre später kosteten sie neunzehn Milliarden fünfhundert Millionen Mark! Anstelle der entwerteten Mark wurde nun die Rentenmark eingeführt, die bereits ein Jahr später von der Reichsmark abgelöst wurde.

1948 gab es eine erneute Währungsreform. In Westdeutschland wurde die Deutsche Mark eingeführt, in Ostdeutschland die Ost-Mark.

Die ersten Kreditkarten wurden 1950 in den USA ausgegeben. Seither setzte sich das Bezahlen ohne Bargeld auf der ganzen Welt immer mehr durch.

2002 fand der größte Geldumtausch aller Zeiten statt: In zwölf europäischen Ländern wurde der Euro als gemeinsame Währung eingeführt. Die Einwohner der Euro-Länder tauschten ihre bislang gültige Landeswährung in Euro-Banknoten und Euro-Münzen um.

2. Die folgende Tabelle und die Zeichnungen beziehen sich auf den Inhalt des Textes auf Seite 28. Schau sie dir genau an:

seit der Altsteinzeit	Erstes Papiergeld in China; im 17. Jahrhundert erste europäische Banknoten	**Nr.**
800 vor Christus	Erstes Münzgeld	**Nr.**
14. Jahrhundert	Einführung der Euro-Banknoten und Euro-Münzen in zwölf europäischen Ländern	**Nr.**
1871	Erste Kreditkarten in den USA, seither setzt sich Bezahlen ohne Bargeld immer mehr durch	**Nr.**
1920er-Jahre	Einführung der Deutschen Mark in Westdeutschland und der Ost-Mark in Ostdeutschland	**Nr.**
1948	Entwertung der Mark; Einführung der Rentenmark und der Reichsmark	**Nr.**
1950	Naturalgeld	**Nr.** 1
2002	Einführung der Mark im Deutschen Reich als erste einheitliche Währung	**Nr.**

Nr. 1	**Nr.**	**Nr.**	**Nr.**

Nr.	**Nr.**	**Nr.**	**Nr.**

3. Du hast sicher bemerkt, dass die Reihenfolge nicht ganz stimmt. Vergleiche die Tabelle und die Zeichnungen mit dem Text, und bringe beide in die richtige zeitliche Abfolge, indem du sie nummerierst.

In vielen Unterrichtsfächern musst du Sachtexte lesen und verstehen, die nicht gleich verständlich sind. Deshalb ist es wichtig, sich solche schwierigen Texte Schritt für Schritt zu erarbeiten. Das kannst du hier einmal üben:

1. Überfliege den folgenden Text, indem du ihn rasch durchliest:

Gehäuseschnecken

Gehäuseschnecken gehören zu den Weichtieren oder Mollusken. Zu dieser Familie gehören außer den Schnecken auch Kraken, Tintenfische und Muscheln. Sie alle stammen von einem gemeinsamen Ahnherrn ab, einem Weichtier, das vor langen Zeiten in seichtem Wasser über Felsen kroch.
Es gibt bei uns kaum eine Stelle, wo nicht die eine oder andere Schneckenart lebt. Zahlreiche Formen sind im Meer zu Hause, wie die Wellhornschnecke und die Strandschnecke. Viele Arten bewohnen das Land und das Süßwasser. Eine der bekanntesten Landschnecken ist die große Weinbergschnecke, die nicht nur – wie ihr Name sagt – in Weinbergen lebt, sondern an allen möglichen Stellen, die nicht zu feucht sind, besonders in Büschen.
Das wichtigste Kennzeichen für alle Gehäuseschnecken ist ihr Haus, eine gewundene Schale, die sie auf dem Rücken tragen. Sie besteht hauptsächlich aus Kalk. Die meisten Schnecken (z. B. die Weinbergschnecke) haben rechtsgewundene Gehäuse: Wenn man die Schnecke so hält, dass die Spitze des Hauses nach oben zeigt und dann in die Mündung schaut, dann liegt diese Öffnung rechts. Die im Süßwasser lebenden Tellerschnecken haben dagegen linksgewundene Gehäuse.
Der Körper der Schnecken ist ein sackartiges Gebilde, das in der Schale aufgewickelt ist. Sehen kann man nur den Kopf und den Fuß. Muskelwellen, die den Fuß entlang laufen, ermöglichen eine langsame Fortbewegung des Tieres. Dabei sondert die Schnecke eine Schleimspur ab, auf der sie vorankriecht. Der Kopf ist lediglich eine Fortsetzung des Fußes. Man erkennt ihn an zwei Paar Fühlern. Das obere längere Paar davon trägt an der Spitze die Augen. Süßwasserschnecken haben jedoch nur ein Paar Fühler. Bei ihnen sitzen die Augen am Grund der Fühler, also dort, wo der Fühler in den Kopf übergeht.

2. Lies den Text noch einmal vor oder lass ihn dir vorlesen.

3. Lies den Text jetzt Absatz für Absatz genau durch. Halte nach jedem Absatz an und gib ihm eine **Zwischenüberschrift.** In einer solchen Zwischenüberschrift sollte ein Wort vorkommen, das für den Absatz besonders wichtig ist. Markiere solche Wörter im Text.

Hier sind einige Vorschläge für solche Zwischenüberschriften:

Die Häuser der Schnecken **Die Familie der Schnecken**

Die Weinbergschnecke **Kraken und Tintenfische**

Der Körper der Schnecken **Schleimspuren**

Meerschnecken und Landschnecken **Die Fühler der Schnecken**

4. Die Abbildungen zeigen die Häuser von zwei Schneckenarten: einer Weinbergschnecke und einer Tellerschnecke. Schreibe unter die Abbildungen, um welche Arten es sich handelt. Markiere im Text, woran du das gemerkt hast.

____________________ ____________________

5. Zeichne zu den Schneckenhäusern auch den Kopf der Schnecken. Achte dabei besonders darauf, was im Text über die Fühler der Schnecken steht (markiere die Stelle). Zeichne mit kleinen Punkten die Augen ein.

6. Gibt es Wörter im Text, die du erklärt bekommen möchtest? Unterschlängele sie.
Sprecht miteinander darüber – vielleicht könnt ihr sie euch gegenseitig erklären. Ihr könnt auch den Lehrer oder die Lehrerin fragen oder in einem Wörterbuch nachschauen: *Ahnherr, Muskelwellen, Algenschicht ...*

7. Was möchtest du jetzt noch über Schnecken wissen? Formuliere eine oder zwei Fragen dazu:

____

____

8. Lies jetzt den Schlussabsatz. Steht darin etwas, was du noch wissen wolltest oder was du für besonders wichtig hältst? Markiere es.

Die Nahrung der auf dem Lande lebenden Gehäuseschnecken besteht aus Pflanzen, Früchten, toten Würmern, faulenden Stoffen, Moosen und Pilzen. Die meisten Süßwasserschnecken weiden die Algenschicht ab, die sich auf den im Wasser liegenden Gegenständen gebildet hat. Sie fressen aber auch Käferlarven und sogar kleine Fische. Die Nahrung gelangt vom Mund in den großen Eingeweidesack im Inneren des Schneckenhauses und kann dort verdaut werden. Zur Überwinterung kriechen die Landschnecken unter Steine oder Laub und ziehen sich in ihr Gehäuse zurück. Sie verschließen die Öffnung ihres Hauses und überwintern. Einige Schneckenarten leben mehrere Jahre; die meisten aber sterben schon nach einem Jahr.

Du kannst die Informationen, die du zum Thema „Gehäuseschnecken" erarbeitet hast, in einer Mindmap übersichtlich darstellen. Wie du das machst, erfährst du auf S. 23.

Geheimnisvolle Pyramiden

Der Nil fließt von Ostafrika bis ins Mittelmeer und macht das Land an seinen Ufern fruchtbar. Daher ließen sich dort vor vielen Jahren Menschen nieder. Sie betrieben Ackerbau und züchteten Vieh. Im Laufe der Zeit entstanden immer größere Siedlungen, bis zirka 3000 vor Christus das Königreich Ägypten gegründet wurde. Es bestand 3000 Jahre lang und entwickelte sich zu einem Land mit großem Reichtum und blühender Kultur.

Vieles aus der Kultur der alten Ägypter ist uns bekannt, zum Beispiel durch die alten ägyptischen Bilderschriftzeichen (die Hieroglyphen) und einige der größten Bauwerke, die je von Menschen errichtet wurden: die Pyramiden. Pyramiden sind riesige Grabmale aus Stein, in denen die Pharaonen – so nennt man die ägyptischen Könige – nach ihrem Tod beigesetzt wurden.

Die Ägypter glaubten an ein Leben nach dem Tod, auf das sie sich schon zu Lebzeiten vorbereiteten. Die Reichen unter ihnen ließen riesige Grabstätten errichten, die Mastabas, eine Vorform der Pyramiden. In den flachen Bauten aus Lehmziegeln befinden sich ein Opferraum und eine Sargkammer, die tief in einen Fels eingehauen wurde. Zu ihr hinab führt ein mit schweren Steinen zugeschütteter Schacht. Er sollte garantieren, dass keiner in die Sargkammer gelangen konnte, denn diese beherbergte wertvolle Grabbeigaben, die der Verstorbene für sein Leben im Jenseits brauchte. Nahrung, Möbel, Werkzeuge, Schmuck und andere kostbare Gegenstände aus Gold befanden sich darin – und daher wurden fast alle ägyptischen Gräber ausgeraubt.

Um 2630 vor Christus regierte in Ägypten König Djoser. Er ließ sich als erster eine Pyramide als Grab bauen. Hunderttausende von Arbeitern waren viele Jahre damit beschäftigt, Steine zu brechen, sie mit Sägen, Hämmern und Meißeln zu Rechtecken zu formen und die Pyramide zu errichten. Da es damals weder Kräne noch Flaschenzüge gab, nimmt man an, dass die jeweils 2,5 Tonnen schweren Steinblöcke über eine riesige Rampe immer höher auf den Pyramidenbau hinaufgebracht wurden.

Die drei Pyramiden von Giseh mit der großen Sphinx davor sind die bekanntesten. Zu ihnen gehört auch die größte Pyramide der Welt: die Cheops-Pyramide, die nach dem Pharao benannt ist, der in ihr beigesetzt wurde. Sie wurde um 2540 vor Christus gebaut und misst heute 137 m in der Höhe; ihre 6 m hohe Spitze fehlt. In ihrer Grabkammer lag der mumifizierte Leichnam von Cheops.

Die Ägypter glaubten, dass ein Weiterleben im Jenseits nur dann möglich ist, wenn der Körper des Verstorbenen erhalten bleibt und nicht verwest. Deshalb mumifizierten sie ihn: Sie entfernten die inneren Organe, entzogen dem Körper die Flüssigkeit durch Natron und balsamierten ihn mit Ölen und Harz ein. Schließlich wurde er ausgestopft und in Tücher gewickelt. Obwohl die Cheops-Pyramide nach der Bestattung des Pharaos verschlossen wurde, fielen auch ihre Schätze den Grabräubern zum Opfer.

Die späteren Pharaonen ließen keine Pyramiden mehr bauen. Sie wurden in einem Wüstental, dem Tal der Könige, in geheimen unterirdischen Felsgräbern beigesetzt. Dort ist auch das einzige bekannte Grab, das nicht beraubt wurde: das Grab des Königs Tutanchamun. Es wurde erst 1922 entdeckt und enthielt viele wertvolle Schätze sowie eine 3000 Jahre alte Mumie in einem Sarg aus purem Gold!

Hier sind zwei Quizspiele zu dem Text über Pyramiden. Sucht euch eines aus. Das erste Quiz könnt ihr bereits zu zweit spielen, für das zweite müsst ihr mindestens zu dritt sein. Ihr braucht Kärtchen aus Papier dazu.

1. Jeder überlegt sich 5–10 Fragen zum Text und schreibt sie auf einzelne Kärtchen. Darunter schreibt er vier Antwortmöglichkeiten, von denen nur eine stimmt:

> Frage: Wie heißen die Zeichen der ägyptischen Bilderschrift?
>
> a) Zeichenschrift
> b) Hierarchien
> c) Hieroglyphen
> d) Die alten Ägypter hatten noch keine Schrift.

Nun geht's los: Einer liest die erste Frage vor und legt sie auf den Tisch. Wenn der andere sie richtig beantworten kann, bekommt er die Karte. Wenn nicht, wird sie weggelegt.
Dann stellt der andere seine erste Frage.

Wer am Schluss die meisten Kärtchen hat, ist Lesechampion!

2. Jeder überlegt sich ein paar Fragen zum Text und schreibt sie zusammen mit den Antworten auf einzelne Kärtchen.

> Frage: Wie heißen die Zeichen der ägyptischen Bilderschrift?
>
> Antwort: Hieroglyphen

Einer liest die erste Frage vor und alle anderen versuchen sie zu beantworten.
Wer zuerst die richtige Antwort gibt, bekommt die Karte. Nachlesen im Text ist erlaubt!

Lesechampion ist, wer am Schluss die meisten Karten hat.

Besuch mich doch mal!

Lukas und Anna haben sich in den Sommerferien an der Nordsee kennen gelernt. Seither schreiben sie sich immer wieder E-Mails und am kommenden Wochenende möchte Lukas mit dem Zug aus Saarbrücken nach Stuttgart fahren, um Anna zu besuchen. Hier ist ein Ausschnitt aus dem Telefongespräch, das sie ein paar Tage zuvor führten:

Anna: Und wann kommst du an?
Lukas: Ich muss mal im Fahrplan nachschauen. Am liebsten würde ich am Freitag gleich nach der Schule losfahren, also ab 13.00 Uhr. Aber nicht mit dem ICE, das ist zu teuer.
Anna: Aber auch am schnellsten. Hast du keine Bahncard?
Lukas: Nein, leider nicht.
Anna: Dann such dir mal einen Zug aus und ruf mich gleich wieder an! Ach ja – meine Mutter hat ab halb fünf Zeit, dich am Bahnhof abzuholen.

Saarbrücken Hbf → Stuttgart Hbf

Ab	Zug	Umsteigen	An	Ab	Zug	An	Verkehrstage
12.55	EC 57	Neustadt(W) Heidelberg Hbf	13.59 14.48	14.05 15.14	RB 28197 IC 2391	**15.54**	01
13.02	RE 23037	Mannheim Hbf	15.03	15.31	ICE 519	**16.08**	01
13.02	RE 23037	Mannheim Hbf	15.03	15.22	IC 2403	**16.20**	03
14.02	RE 23039	Heidelberg Hbf	16.19	16.40	ICE 811	**17.22**	02
15.04	ICE 1655	Mannheim Hbf	16.19	16.31	ICE 109	**17.08**	01
16.02	RE 23043	Heidelberg Hbf	18.19	18.40	ICE 813	**19.22**	02
16.53	EC 55	Mannheim Hbf	18.19	18.31	ICE 591	**19.08**	01
16.53	EC 55	Mannheim Hbf	18.19	18.23	IC 2271	**19.11**	04
16.53	EC 55	Neustadt(W) Heidelberg Hbf	17.59 18.48	18.05 19.14	RB 28205 IC 2395	**19.54**	01
17.02	RE 23045	Mannheim Hbf	19.03	19.31	ICE 613	**20.08**	01

01 = täglich
02 = Mo–Fr; nicht 19. Jun, 3. Okt
03 = Mo–Do, So, auch 1. Nov
04 = Mo–Do, nicht 18., 19. Jun, 2. Okt

1. Welche Zugverbindung hat die kürzeste Fahrzeit von Saarbrücken nach Stuttgart? Schreibe die Zugnummern dieser Verbindung auf.

____

2. Welche Züge fahren täglich? Notiere deren Abfahrtszeiten.

____

3. Unterstreiche im Telefonat die Textstellen, die Hinweise darauf geben, welchen Zug Lukas nehmen wird.

4. Suche Lukas' Zug heraus und schreibe auf, wann er in Stuttgart ankommt.

____

1. Hier findest du die Klappentexte von drei Jugendbüchern. Lies sie aufmerksam durch und bearbeite danach die Fragen und Aufgaben:

Und das nennt ihr Mut? *von Inge Meyer-Dietrich*

Kein Mensch achtet auf ihn. Und schon hat er einen Walkman unter seiner Jacke.
Nein, jetzt bloß nicht wegrennen. Cool bleiben. Nicht auffallen.
Sein Herz soll nicht so laut klopfen. Verdammt!

Mit seinem Vater hat Andi ständig Krach und in der Schule findet er keine Freunde.
Da sucht er Anerkennung bei Mikes Gang, den Sharks.
Doch schon bald steckt Andi so tief wie nie zuvor in Schwierigkeiten.

Anna rennt *von Elisabeth Zöller*

Anna rennt. Sie läuft quer durch die Stadt, versucht ihren Kopf freizubekommen. Sie ist die Einzige, die alles gesehen hat. Sie hat den Kampf auf dem Schulhof beobachtet. Und nun ist Helmut tot. Helmut, der Außenseiter, der ihr dennoch eine ganze Menge bedeutet hat.
Anna weiß, dass es kein Unfall war. Soll sie alles erzählen, die Wahrheit sagen und Georg, den vermeintlichen Täter, verraten?

Juma – Ein Straßenkind aus Tansania *von Nasrin Siege*

Seit die Mutter gestorben ist, hat sich für Juma alles verändert. Mit der Stiefmutter kommt er nicht klar, doch, schlimmer noch, sein Vater trinkt. Eines Tages hält Juma es nicht mehr aus. Und haut ab in die große Stadt, nach Dar es Salaam. Das Leben auf der Straße ist hart und gefährlich, auch wenn Juma dort neue Freunde findet, die das Ganze erträglich machen. Als die Jungen von dem neuen „Zentrum" hören, in dem man sich um Straßenkinder kümmert, reagieren sie misstrauisch und neugierig zugleich …

Die Hauptfiguren in den drei Büchern heißen

____

Dieses Buch würde ich gern lesen: ______________________________

Meine Begründung:

____

____

____

Der folgende Text ist der Anfang des Buches „Mit Jakob wurde alles anders" von Kirsten Boie.

1. Lies aufmerksam den Buchtitel und schau dir den Buchumschlag genau an.

– Was „verraten" der Titel und das Umschlagbild?

– Wovon könnte das Buch wohl handeln?

---

2. Lies jetzt den Buchanfang:

Mit Jakob wurde alles anders *Kirsten Boie*

Kann sein, wir sind jetzt über den Berg. Wir werden ja sehen, wie es läuft die nächste Zeit. Aber eigentlich sind wir alle ganz zuversichtlich.

Ich muss ziemlich früh anfangen, als bei uns alles noch so war wie bei den meisten anderen Leuten auch. Damals war ich elf und Gussi drei und Mama sagte schon länger, dass Gussi mit vier morgens in den Kindergarten könnte und sie dann, Gott sei Dank, wieder ein bisschen mehr Zeit für sich hätte.

„Prima", sagte Papa. „Das wird uns sicher allen zugute kommen."

„Was heißt das?", fragte Mama, und ihre Stimme klang gereizt. „Hoffst du, dass ich dann mehr zum Putzen und Kochen komme? Meinst du, du hast dann plötzlich eine bessere Hausfrau im Haus?"

„Quatsch", sagte Papa und nahm Mama in den Arm. „Du bist mir recht so, wie du bist, Liebes!"

„Das ist ja reizend", sagte Mama und wand sich aus Papas Arm. Dann fing sie an, mit lautem Geklirre den Frühstückstisch abzudecken.

Vielleicht wäre das Gespräch noch weitergegangen, aber dann war wieder irgendwas mit Gussi, er hatte einen Nagel in den Flurschrank gehämmert oder sich die Finger im Kipplaster geklemmt oder irgendetwas anderes, was dreijährige Jungen so machen. Jedenfalls war das Gespräch erst mal zu Ende.

In den nächsten Tagen hätte mir schon einiges an Mama auffallen können. Sie hörte manchmal nicht zu, wenn man mit ihr reden wollte, und dann waren meine Schuhe plötzlich nicht mehr geputzt. Es gibt natürlich Schuhe, da ist das ganz egal, aber ich hatte gerade neue Stiefel gekriegt, die mussten schon ein bisschen blank aussehen und das sagte ich Mama auch.

„So", sagte Mama. „Wie gut, dass du selber zwei Hände hast, liebe Nele. Das Schuhputzzeug ist in der Diele."

Ein paar Tage später fing sie an, mir Kartoffelschälen beizubringen. Und der arme Gussi sollte plötzlich lernen, eine Schleife zu binden.

Sicherlich wären wir misstrauisch geworden, wenn das noch lange so gegangen wäre, aber dann rückte Mama von selbst mit der Sprache heraus.

„Ich möchte wieder arbeiten“, sagte sie. Da saßen wir am Abendbrottisch und Papa hatte gerade Mamas eingelegte Heringe gelobt. „So gut wie du macht das keiner“, hatte er gesagt. Das sagte er immer.

„Du möchtest *was*?“, fragte Papa jetzt und hörte auf, die Ananas zum Nachtisch zu schälen.

„Arbeiten“, sagte Mama. „Ich-möchte-wieder-arbeiten.“ Man konnte sehen, dass sie regelrecht Schwierigkeiten hatte, das zu sagen. Um den Mund herum war sie ganz blaß und ihre Hand mit der Gabel zitterte.

„Ja“, sagte Papa. Er sah nachdenklich aus. Dann nickte er. „Klar. Wenn Gussi in den Kindergarten kommt – eine Halbtagsstelle, oder?“

„Keine Halbtagsstelle“, sagte Mama. „Richtig arbeiten.“

Sie schluckte.

3. Beantworte nach dem Lesen die Fragen und bearbeite die Aufgaben:

a) Welche Personen kommen in dem Buchanfang vor? Markiere die Personen im Text und schreibe zu jeder Person mindestens einen Satz oder einige Stichworte auf.

______________________:

____

____

______________________:

____

____

______________________:

____

____

______________________:

____

____

b) Wer ist wohl die Hauptperson? Oder: Aus wessen Sicht ist das Buch geschrieben?

____

c) Im Buchtitel kommt Jakob vor, der im Buchanfang noch nicht erwähnt wird.
Was meinst du: Wer ist Jakob und wieso wurde mit ihm alles anders?

____

____

Berts hemmungslose Katastrophen

Anders Jacobsson/Sören Olsson

Im Februar werde ich vierzehn. Mit vierzehn sprießt einem eine Flaumplantage unter der Nase und man kriegt Bock auf Starkbier und Mopeds. Das stimmt nicht ganz. Hab jetzt schon Bock auf Mopeds. Auf Mopeds und Weiber. Diese Aufzeichnungen schreibe ich in mein funkelnagelneues Tagebuch. Nur dass es kein Tagebuch ist, sondern ein Wochenbuch, weil es mir wahrscheinlich zu viel wird, jeden Tag zu schreiben wie im letzten Jahr.

Als Erstes eine kurze Zusammenfassung meines Lebens: Ich wurde geboren. Dann wurde ich dreizehn.

Hoppla! Scheint eine kurze Autobiographie geworden zu sein. Aber immerhin enthält sie die wesentlichsten Tatsachen. Vielleicht interessiert sich irgendein Verlag für meine Autobiographie? Wenn sie zu wenig Einzelheiten enthält, kann man sie ja auch als Poster veröffentlichen. Nun zu meiner gesellschaftlichen Position: Ich bin nicht reich. Ich trage eine Brille. Mein Vater hat morgens eine belegte Zunge, und meine Mutter ist Busfahrerin. Mehr sind wir nicht in meiner Familie. Doch, da ist noch einer - Ove!!! Ove ist eine Schildkröte mit einem eigenen Aquarium. Früher beherbergte das Aquarium 23 schöne, teure Edelfische. Dann zog Ove ins Aquarium ein und noch vor Neujahr war Ove allein stehender Aquariumsbewohner. Ove ist ein echter Freund. Ein echt satter Freund.

Ove hab ich von Arne geschenkt bekommen. Arne hab ich zum Glück nicht geschenkt bekommen. Arne geht in meine Klasse. Das ist mehr als genug. In der Fünften war Arne ein stiller Knabe, der sich für Maschinen interessierte. In der Sechsten verwandelte er sich in einen aggressiven, ziemlich übergeschnappten Wissenschaftler, der ein abnormes Interesse für illegale Bombenexperimente entwickelte. Arne behauptet, dass er der erste Schwede sein will, der sich selbst zum Mond raufsprengt, ohne dabei hopszugehen. Hauptsache, man hat Schuhe mit gereffelten Gummisohlen und Stahlkappen an, sagt er.

Und jetzt kommt Erik, mein zweiter reizender Klassenkamerad ins Bild – Arne will Erik nämlich als Vorhut hinaufsprengen. Erik lehnt das ab. Arne überlegt, ob er Erik mit Aspirin betäuben soll, damit er gefügig wird und sich der Wissenschaft zur Verfügung stellt.
Erik ist ein ängstlicher Typ. Er hat rote Ohren und zerbrechliche Knochen. Wenn man mit ihm Armbiegen macht, muss man immer Armschlinge und Gips bereithalten, falls man ihm versehentlich den Arm bricht. Er ist unglaublich zerbrechlich! Erik ist der einzige Mensch, den ich kenne, der das ganze Jahr über lange Unterhosen trägt und im Alter von dreizehn Jahren noch an den Osterhasen glaubt. Er hat Angst vor dem Osterhasen. Ein Glück, dass wir Ostern immer schulfrei haben.

Sonst müsste er jedes Jahr eine Woche lang schwänzen, weil er nicht wagt, rauszugehen und eventuell dem Osterhasen zu begegnen.

Jetzt werde ich über das Wichtigste im Leben schreiben, etwas, das gleich nach Mopeds kommt – nämlich Emilia! Emilia ist der schönste Name, den es gibt. Letztes Jahr fand ich das noch nicht, aber jetzt finde ich das. Emilia war schon immer in meiner Klasse, aber das hab ich erst im letzten Herbst entdeckt. Und erst vor einer Woche hab ich noch was entdeckt: Ich bin in Emilia verknallt!!! Und nächste Woche werde ich das Objekt meiner Liebe wieder treffen, dann fängt nämlich die Hinrichtung an … nein, die Schule meine ich natürlich.

1. Wenn man aus einem Text zitiert (d. h. Textstellen übernimmt), dann müssen die Zitate wortgetreu sein. In den folgenden 15 Textzitaten befinden sich Ungenauigkeiten. Streiche jeweils die falsch zitierten Wörter durch und schreibe die richtigen darüber.
Notiere hinter jedem Satz die entsprechende Zeile im Text.

1. Im Februar werde ich dreizehn.
2. Diese Aufzeichnungen schreibe ich in mein altes Tagebuch.
3. Vielleicht interessiert sich irgendein Verlag für meine Lebensgeschichte?
4. Wenn sie zu wenig Einzelheiten enthält, kann man sie ja auch als Plakat veröffentlichen.
5. Ich bin nicht schön. Ich trage eine Mütze.
6. Meine Mutter ist Taxifahrerin.
7. Früher beherbergte das Aquarium 22 schöne, teure Edelfische.
8. In der Fünften war Arne ein kleiner Junge, der sich für Autos interessierte.
9. Hauptsache, man hat Stiefel mit gereffelten Gummisohlen an.
10. Und jetzt kommt Arne, mein zweiter schlauer Klassenkamerad, ins Bild.
11. Er hat große Ohren und zarte Knochen.
12. Arne überlegt, ob er Erik mit Chloroform betäuben soll.
13. Er hat Angst vor den Aliens.
14. Ein Glück, dass wir Pfingsten immer schulfrei haben.
15. Nächste Woche werde ich das Objekt meiner Bewunderung wieder treffen.

1. Zu dem folgenden Text kannst du deine Gedanken in freier Form notieren. Leitfragen können sein:
- Welche Fragen kommen dir beim Lesen in den Sinn? Welche Gedanken gehen dir durch den Kopf?
- Was meinst du zu dem, was erzählt wird?
- Wie würdest du dich fühlen, wenn du an Stelle der Ich-Erzählerin Carlotta wärst?

Schreibe deine Gedanken rechts neben den Text. Markiere die Textstellen, auf die sich deine Gedanken beziehen.

Rebecca L. *Doris Meißner-Johannknecht*

Montag, 16.2., 18.45 Uhr

Rebecca hat mich sitzen gelassen. Sie ist mit Sarah, Maik und Lena ins Kino gegangen. Ohne mich. Normalerweise nimmt sie mich mit. Mir ist zum Heulen. Rebecca ist meine beste Freundin. Und vielleicht auch die einzige wirkliche Freundin, die ich habe. Seit dem Kindergarten ist das so. Und jetzt? Aus und vorbei? Weil die anderen interessanter sind als ich?
Rebecca ist beliebt. Sie ist gut in der Schule. Sie ist Klassensprecherin. Sie ist ganz anders als ich. Ich schlucke die Tränen runter. Und tröste mich gleich mit meiner Fernsehserie.

Dienstag, 17.2., 6.30 Uhr

Ich hab total schlecht geschlafen und bin viel zu früh aufgewacht. Und immer noch traurig. Ich will sie nicht verlieren ...
Heute beginnt die Schule erst zur dritten Stunde. Trotzdem steh ich früh auf. Irgendwie bin ich unruhig.
Meine Mutter wirbelt schon durch die Küche. Die Zeitung liegt auf dem Küchentisch. Und ich weiß, welcher Satz mich gleich wieder erwartet. „Also Carlotta, ich finde, du könntest dir langsam mal angewöhnen, die Zeitung zu lesen!"
Normalerweise hab ich am Morgen dafür keine Zeit und auch keine Lust. Heute blättre ich sie durch, damit sie Ruhe gibt. Ich lese mich im Stadtteil fest. [...]
Und dann ein Bericht! Und der hinterlässt ein ganz komisches Gefühl.
Eine Mischung aus Herzklopfen und Übelkeit. Das Gefühl, keine Luft mehr zu kriegen. Angst! [...]

Tragischer Unfall!
Am 16.2. um 18.45 Uhr geriet die Schülerin Rebecca L. beim Überqueren der Straßenbahnschienen an der Haltestelle Unfallklinik unter die entgegenkommende Straßenbahn. Die Feuerwehr hatte große Mühe, die Verunglückte mit Einsatz von Hebekränen und Schweißgeräten zu bergen. Das Ärzteteam der Unfallklinik bemühte sich vergeblich, das Leben der Schülerin zu retten. Gegen 20.30 Uhr verstarb die Verunglückte.

Rebecca L.!
Mir ist schlecht. Ich schiebe mein Müsli zur Seite. Mein Magen rebelliert. Die Angst erdrückt mich.
Rebecca! Das bist du doch nicht! Bitte!
Aber es gibt so viele Gemeinsamkeiten: die Haltestelle, wo du immer umsteigen musst! Und dein Name, den gibt's auch nicht so oft in dieser Stadt! Und die Uhrzeit! Die passt total! Das Kino dürfte gegen 18.45 Uhr zu Ende gewesen sein und wenn du gleich die nächste Bahn genommen hast, dann ...
Nein! Das kann doch nicht sein! Du rennst doch nicht einfach vor die Straßenbahn!
Obwohl ... manchmal guckst du echt nicht nach rechts und links, rennst einfach los ... spontan, wie du bist!

„Bist du krank, Carlotta?"
Meine Mutter steht schon in der Tür. Mantel, Schal, Aktentasche ...
„Nein. Nein!"
„Alles klar?"
Sie guckt skeptisch.
„Ja, alles klar!"
Dann geht sie zur Arbeit. Und ich geh in mein Zimmer und werf mich aufs Bett. Nein, ich kann nicht heulen. Alles in mir erstarrt. Ich schließe die Augen. Das geht gerade noch. [...]

Rebecca.
Das kann doch nicht vorbei sein! Nein!
Ich spring auf. Wasche mein Gesicht mit eiskaltem Wasser. Atme zusätzlich ein paarmal kräftig durch den Bauch.

Du wirst gleich im Schulbus sitzen. Wie immer hinten in der letzten Reihe. Du wirst mir erzählen, wie der Film war. Du wirst mich fragen, ob ich die Matheaufgaben gemacht habe, weil du sie wieder einmal vergessen hast

Ich renne los. Und bin natürlich viel zu früh an der Haltestelle. Mein Herz rast, mein Mund ist ausgetrocknet. Ich zittere. Mein Anorak ist viel zu dünn. Ich hab meinen Schal vergessen und meine Handschuhe ...
Dann endlich, der Bus! Rebecca? Rebecca, wo bist du? Hinten ist alles leer. Vielleicht heute mal die erste Reihe? Ich steige vorne ein. Da sitzen die Kleinen. Wie immer. Die aus der ersten, zweiten Klasse ... das war sowieso klar. Trotzdem. Weiter! Wo hast du dich versteckt, Rebecca? Aber das haben wir früher gespielt. Dafür bist du viel zu alt.
Jetzt bin ich in der Mitte. Vor mir nur noch leere Plätze. Rebecca ist nicht da! Nur mit Mühe erreiche ich die letzte Reihe. Mein Gott, ist mir schlecht! In mir sitzt der Schrecken. Hat sich festgekrallt. Keine Chance, ihn abzuschütteln.
Nein! Nein! Nein! Jetzt schreien! Aber ich bleibe stumm. Kein Laut, keine Träne. Nichts. Nur der Schrecken! Und der Schmerz. Dieser wahnsinnige Schmerz!

Auf dem Schulhof ist es wie immer: Rufen, Schreien, Toben, heiteres Lachen.
Dann betrete ich das Schulgebäude. Und dort ist es still. Stiller als sonst? Aber das heißt noch nichts. Die meisten werden draußen sein. Es ist schließlich noch große Pause.
Jetzt die Treppe. Meine Beine sind wie Blei. Mein Herz rast. Die Angst sitzt jetzt überall. Erste Etage. Unser Flur. Und kein Mensch. Die letzte Tür. Unser Klassenzimmer. Geschlossen. Und kein Laut. Vielleicht haben wir Sport oder Musik? Langsam drücke ich die Klinke herunter. Ich öffne die Tür. Da ist es klar! Alle blicken mich an.
Es ist totenstill.

2. Du kannst die Geschichte auch auf einem Extrablatt weiterschreiben.

Mein Lesetagebuch

Ein **Lesetagebuch** ist in der Regel ein DIN-A-5- oder DIN-A-4-Heft, in das du etwas einträgst, wenn du ein Buch liest. Jede Eintragung beginnt mit dem aktuellen Datum und der jeweiligen Seitenzahl oder Kapitel-Überschrift des Buches, zu dem du etwas schreiben willst.
Das Lesetagebuch hilft dir, über das Gelesene nachzudenken und es besser zu verstehen.
Hier findest du Tipps und Anregungen für dein Lesetagebuch:

Eine Person stellt sich vor
Wähle eine Person aus einem gelesenen Textabschnitt aus und lass sie sich selbst vorstellen.

So steht es im Tagebuch
Stell dir vor, eine Person aus deinem Buch schreibt regelmäßig Tagebuch. Was könnte er/sie heute eintragen?

Stichwörter notieren
In einem Textabschnitt geschehen häufig so viele Dinge, dass es schwer ist, den Überblick zu behalten. Notiere zu einem gelesenen Abschnitt Stichwörter, mit denen du anderen erzählen kannst, was nacheinander passiert.

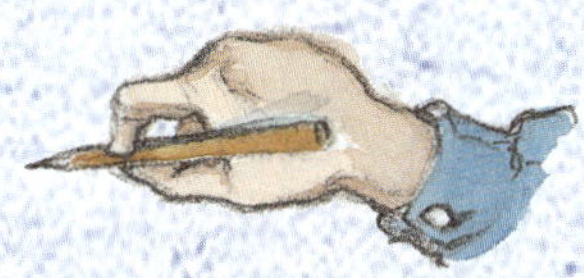

Aufschreiben, was mir einfällt
Nachdem du ein Kapitel oder einen Abschnitt gelesen hast, gehen dir sicher viele Gedanken durch den Kopf, die du erst einmal ordnen musst.
Schreibe in die Mitte eines Blattes, welche Seiten du gelesen hast, und drumherum alles, was dir dazu einfällt.

So hätte ich gehandelt
Stell dir vor, du bist eine der Personen in deinem Buch. Was würdest du anders machen?

Eine Lieblingsstelle zeichnen
Male zu der Stelle, die dir in dem gelesenen Textabschnitt besonders gut gefallen hat, ein Bild.

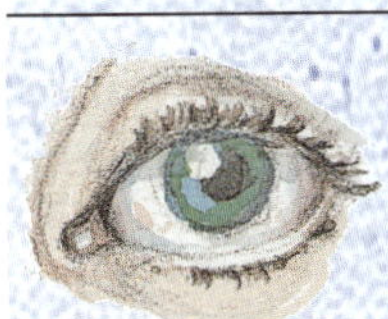

Aus der Sicht einer Person schreiben
Versetze dich in eine Person deiner Wahl und erzähle den Inhalt eines gelesenen Textabschnitts aus der Sicht dieser Person neu.

Das möchte ich in Erinnerung behalten
Vielleicht gibt es in deinem Buch etwas, das du in keinem Fall vergessen möchtest. Vielleicht hast du auch etwas ganz Neues gelernt. Schreibe es auf, damit du es in Erinnerung behältst.

Noch mehr Tipps:
- Textstellen aufschreiben, die du besonders lustig, traurig oder spannend findest
- Personen des Buches zeichnen oder Steckbriefe für sie entwerfen
- an eine Person des Buches einen Brief schreiben
- aus einzelnen Textstellen eine Bildergeschichte oder einen Comic gestalten
- aufschreiben, was dir gut oder nicht so gut gefällt
- aufschreiben, was du beim Lesen oder Schreiben gedacht oder gefühlt hast
- einen Brief an die Autorin bzw. den Autor schreiben

Darauf solltest du achten!

Üben

Üben bedeutet vielerlei:

- Vor allem, etwas immer wieder tun! Du solltest eine Seite durchaus mehrere Male durcharbeiten. **Wiederholung** ist das Wichtigste am Üben.
- Dann aber auch: Niemals zu viel auf einmal tun! Was du dir vorgenommen hast, solltest du auch wirklich schaffen. Übe also das Lesen **in regelmäßigen Abständen** jeweils etwa eine halbe Stunde lang. Dann musst du aber auch durchhalten!
- Üben ist **anstrengend**. Viele Texte werden dir Spaß machen, aber du darfst nie vergessen, dass das Lesen zu üben genauso anstrengend sein kann wie das Trainieren im Sport.

Vorlesen

Beim Vorlesen hören dir andere zu – und das darf nicht langweilig werden. Übe also das Vorlesen, indem du dir zu Hause einen Text **immer wieder selbst vorliest** und dir dabei genau zuhörst. Wer nur leise liest, hat für das Vorlesen nichts gewonnen! – Aber auch wenn du einen Text nicht für das Vorlesen vorbereitest, ist es gut, ihn dir selbst halblaut vorzulesen. Dann kannst du hören, wie genau du liest.

Für das Vorlesen vor der Klasse solltest du einen Text immer so vorbereiten, wie du es in diesem Heft lernen kannst:

- Den Text leise **durchlesen**.
- Dir den Text **halblaut vorlesen**.
- **Pausenzeichen** setzen, wo du eine Sprechpause machen möchtest.
- Die **Sinnwörter** unterstreichen, die du besonders betonen möchtest.
- Dich entscheiden, wie **schnell oder langsam**, wie **laut oder leise** du lesen möchtest.
- Beim Lesen immer wieder einmal aufschauen und **Kontakt zu den Zuhörern** aufnehmen.

Leises Lesen

Wenn du allein bist, liest du fast immer leise. Das kannst du auf verschiedene Weise tun:

- Du kannst einen Text mit den Augen **überfliegen** oder im „Slalom“ über einen Text hinweg lesen, um erst einmal zu erfahren, was drin steht.
- Wenn du etwas Bestimmtes herausbekommen möchtest, musst du ihn **genau lesen**. Da ist es immer gut, wenn du einen Bleistift zur Hand hast, um etwas **anstreichen** zu können.
- Manche Texte musst du **mehrere Male** genau durchlesen. Das gefällt dir vielleicht nicht, aber es ist wichtig! Das müssen Erwachsene auch tun, wenn sie einen Text richtig verstehen wollen.

Lesen mit Partner

Oft ist es gut, wenn ihr **zu zweit** an einem Text arbeitet. Dann könnt ihr euch anschließend darüber unterhalten,
- welche Stellen ihr nicht recht verstanden habt oder
- welche Wörter euch fremd sind.

Zwei Köpfe verstehen meistens mehr als nur einer, und vier Augen sehen mehr als zwei!

Lesestrategien

Strategien sind Techniken des selbstständigen Arbeitens. Solche Strategien musst du dir nach und nach aneignen:
- Einen Text mit den Augen **überfliegen**.
- Dir einen Text **halblaut vorlesen**.
- Dich durch unverstandene Wörter nicht gleich irritieren lassen; vielleicht verstehst du sie ja, wenn du weiterliest.
- Einen Text **mit dem Bleistift** lesen.
- Unverstandene Wörter **unterschlängeln** oder am Rand ein **Fragezeichen** machen.
- Diese Wörter im Wörterbuch **nachschlagen** oder einen anderen fragen, was sie bedeuten.
- Die wichtigsten Stellen eines Textes **unterstreichen** oder markieren.
- **Stichwörter** zu einem Text notieren.
- **Fragen** zu einem Text formulieren.
- Begriffe, die für den Text wichtig sind, noch einmal **an den Rand schreiben**, damit sie sich hervorheben.
- Eine **Mindmap** oder ein **Cluster** zeichnen.
- Eine **Bildskizze** anfertigen.
- Offen gebliebene **Fragen** unter dem Text formulieren.

Lesen über das Arbeitsheft hinaus

Alles, was du in diesem Arbeitsheft lernst, hilft dir beim Lesen überhaupt. Wenn du aber nur mit diesem Heft übst, wirst du natürlich noch nicht zum Leseprofi. Dazu reichen die Übungen längst nicht aus. Es ist also notwendig, dass du auch sonst möglichst viel liest:
- Texte in **Zeitungen**, die dich interessieren,
- Texte in **Zeitschriften**,
- Geschichten und Gedichte aus dem **Lesebuch**,
- **Bücher**, die dich interessieren,
- **Gebrauchsanweisungen** für die Geräte, die du besitzt,
- **Spielanleitungen** für Spiele und so weiter.

Besonders hilfreich ist es, sich mit anderen über Gelesenes immer wieder auszutauschen, um herauszufinden, ob andere das, was du gelesen hast, auch so verstanden haben wie du.

Lösungen

S. 5

3. a) Zeile 8, b) Zeile 6, c) Zeile 9, d) Zeile 10

S. 6

3. a) Satz 1 oder Satz 2, b) Satz 1 oder Satz 3, c) Satz 5, d) Satz 3 oder Satz 4
4. Du kannst doch den Pfosten nicht einfach umfahren!
5. c) passt zu dem ersten Satz.

S. 7

2. 2 Ich hab es ihm aber gegeben!
3 Ich hab es ihm aber gegeben!
4 Ich hab es ihm aber gegeben!
5 Ich hab es ihm aber gegeben!

S. 12

2. 1 – B, 2 – F, 3 – C, 4 – A, 5 – E, 6 – G, 7 – D.

S. 13

3. So lautet das Gedicht in der originalgetreuen Rechtschreibung und Zeichensetzung:

Robinson *Christa Reinig*

Manchmal weint er wenn die worte
still in seiner kehle stehn
doch er lernt an seinem orte
schweigend mit sich umzugehn

und erfindet alte dinge
halb aus not und halb im spiel
splittert stein zur messerklinge
schnürt die axt an einen stiel

kratzt mit einer muschelkante
seinen namen in die wand
und der allzu oft genannte
wird ihm langsam unbekannt

(aus: C. Reinig. Gedichte. Frankfurt a. M.: Fischer 1963)

5. In dem Gedicht ist davon die Rede, dass Robinson sich eine Steinaxt herstellt: *splittert stein zur messerklinge / schnürt die axt an einen stiel.*

S. 14

3. Auf dem Tisch bleiben stehen: Zwiebeln, Tomaten, Knoblauch, Spaghetti, Ketschup, Salz, Butter, Gehacktes – also hat der Vater Spaghetti mit Tomatensoße und Gehacktem gekocht.

4. Das untere Bild passt zu der Geschichte. Im oberen sind nämlich Gurken abgebildet, die im Text nicht vorkommen.

S. 15

2.

Polizist	Zeitung
Der Blinde ruft im Revier an, ein Polizist geht zu dem Blinden.	Der Blinde kommt in das Polizeirevier und zeigt seinen Blindenausweis.
Der Blinde findet den Täter in einem Kiosk.	Der Blinde findet den Täter in einer Bar.
Der Täter leugnet die Tat zunächst.	Der verwirrte Täter gibt die Tat sofort zu.
Zum Diebesgut gehören Geld und Blindenausweis.	Der Blindenausweis gehört nicht zum Diebesgut (s. o.).

3. Diese beiden Sätze hat der Reporter wörtlich übernommen:

Es gibt keinen Zweifel. Der ist es gewesen!

S. 17

1. Richtig sind die Aussagen 2, 3, 4, 8 und 10.
Der Text enthält die Aussagen c, d, f, g und h.

2. Illustration 1 passt zu Zeile 15.
Illustration 2 passt zu Zeile 5–8.
Illustration 3 passt zu Zeile 21–23.
Illustration 4 passt zu Zeile 10.

S. 18

1. Richtig sind die Aussagen 1b, 2c, 3b, 4a, 5b und 6c.

S. 19

1. Was die Freundin ihrem Freund erzählte, stimmt nicht.

2. a) durch Farbstoffe, die dem Futter zugesetzt werden; b) dadurch, dass sie Krebse und Algen fressen, die Karotin enthalten; c) ein Farbstoff; d) weil rötliches Fischfleisch für Menschen appetitanregender ist; e) weiß; f) nein.

S. 20

1. a) Was für ein Film gedreht werden soll, entscheidet der Produzent: stimmt. – Der Regisseur entwickelt zusammen mit dem Requisiteur den Kosten- und Zeitplan: stimmt nicht. – Der Drehbuchautor schreibt, was die Schauspieler in den einzelnen Szenen sagen sollen: stimmt. – Für den Ton und das Licht bei den Aufnahmen sind die Techniker zuständig: stimmt. – Die Schauspieler und die Maskenbildner schminken sich: stimmt nicht. – Die Cutter filmen die Schauspieler bei ihrer Arbeit: stimmt nicht.

b) **Produzent**: entscheidet, was für ein Film gedreht werden soll; entwickelt zusammen mit dem Regisseur die Idee für das Drehbuch sowie den Kosten- und Zeitplan; überwacht alles
Regisseur: entwickelt zusammen mit dem Produzenten die Idee für das Drehbuch sowie den Kosten- und Zeitplan; entscheidet, wann eine Szene gut genug ist
Drehbuchautor: schreibt die Szenen mit den Dialogen, die die Schauspieler sprechen
Requisiteure: statten den Drehort aus
Techniker: stellen Mikrofone und helle Lampen für die Aufnahmen bereit
Maskenbildner: schminken die Schauspieler
Schauspieler: spielen die Szenen
Kameraleute: filmen die Schauspieler
Cutter: schneiden das Filmmaterial und reihen es aneinander

S. 23

2. Beschriftung der Äste: Indischer Ozean, Südpolarmeer, Nordpolarmeer

3. mögliche Stichwörter sind:

Atlantischer Ozean:
- zweitgrößter Ozean
- trennt Amerika von Europa und Afrika
- mittelatlantischer Rücken: zwei Längsbecken
- Meeresströmungen: Golf von Mexiko
- reger Schiffsverkehr

Indischer Ozean:
- drittgrößter Ozean
- zwischen Indien, Afrika und Australien
- untermeerische Rücken, 11 Tiefseebecken
- Monsunwinde: kehren Meeresströmung um
- starker Regen an Land

Südpolarmeer:
- umgibt Antarktis
- im Winter über die Hälfte gefroren
- Eisberge
- Pinguine, Robben, See-Elefanten

Nordpolarmeer:
- Nordeuropa, -asien, -amerika
- im Winter von Packeis bedeckt
- Seehunde, Eisbären, Polarfüchse
- Eisbrecher
- Erdöl, Fischfang

S. 29

2. Tabelle: Nr. 3, Nr. 2, Nr. 8, Nr. 7, Nr. 6, Nr. 5, Nr. 1, Nr. 4
Zeichnungen: Nr. 1, Nr. 7, Nr. 3, Nr. 5, Nr. 8, Nr. 4, Nr. 6, Nr. 2

S. 31

4. rechte Abbildung: Weinbergschnecke, Gehäuse rechtsgewunden; linke Abbildung: Tellerschnecke, Gehäuse linksgewunden
5. Die Weinbergschnecke hat zwei Paar Fühler, die Augen sitzen an dem oberen längeren Fühlerpaar (Z. 21/22).
Die Tellerschnecke ist eine Süßwasserschnecke (Z. 15/16), hat also nur ein Paar Fühler, an dessen Grund die Augen sitzen (Z. 23).

S. 34

1. EC 55; ICE 691
2. 12.55 Uhr; 13.02 Uhr; 15.04 Uhr; 16.53 Uhr; 16.53 Uhr; 17.02 Uhr
3. Freitag, ab 13.00 Uhr, nicht mit dem ICE, ab halb fünf ... abholen
4. 19.54 Uhr

S. 39

1. ~~dreizehn~~ vierzehn (Z. 1)
2. ~~altes~~ funkelnagelneues (Z. 5/6)
3. ~~Lebensgeschichte~~ Autobiographie (Z. 13)
4. ~~Plakat~~ Poster (Z. 14)
5. ~~schön~~ reich; ~~Mütze~~ Brille (Z. 15)
6. ~~Taxifahrerin~~ Busfahrerin (Z. 16)
7. ~~22~~ 23 (Z. 18)
8. ~~kleiner Junge~~ stiller Knabe;
   ~~Autos~~ Maschinen (Z. 23)
9. ~~Stiefel~~ Schuhe (Z. 27)
10. ~~Arne~~ Erik; ~~schlauer~~ reizender (Z. 29)
11. ~~große~~ rote; ~~zarte~~ zerbrechliche (Z. 33)
12. ~~Chloroform~~ Aspirin (Z. 31)
13. ~~den Aliens~~ dem Osterhasen (Z. 38)
14. ~~Pfingsten~~ Ostern (Z. 38)
15. ~~Bewunderung~~ Liebe (Z. 46)

Wörterverzeichnis

Brüstung	Geländer
Chatroom	„Raum" zum Plaudern im Internet
chatten	mit anderen im Internet schriftlich „plaudern"
Chatter	jemand, der mit anderen im Internet chattet
Cutter	Schnittmeister, der die endgültige Fassung eines Films zusammenschneidet
Datenbank	geordnete Sammlung großer Datenmengen, z. B. Zugfahrpläne im Internet
Dialog	Rede, in der zwei Personen abwechselnd sprechen
einloggen	anmelden in einem Computersystem, einwählen
E-Mail	elektronischer Brief
Habit	Kleidung
Internetcafé	Geschäft mit vielen Computern, an denen die Kunden gegen eine Gebühr im Internet surfen können
ISDN-Anschluss	über einen ISDN-Anschluss anstelle eines gewöhnlichen Telefonanschlusses kann man im Internet surfen, ISDN = Abkürzung von Integrated Services Digital Network; eine schnellt Form der Datenübertragung
ISDN-Karte	wird im Computer eingebaut, um über einen ISDN-Anschluss ins Internet zu gelangen
kommunizieren	sich verständigen
Medien	Einrichtungen für die Vermittlung von Meinungen und Informationen, z. B. Fernsehen, Radio, Internet
Modem	Gerät, das man an die Telefonanlage und den Computer anschließt, um Daten zwischen Computern auszutauschen bzw. im Internet zu surfen; es wandelt Computersignale so um, dass sie an andere übertragen und gelesen werden können
Newsgroup	„Nachrichtengruppe" im Internet zum Austausch von Meinungen zu einem bestimmten Thema
provinziell	rückständig, hinterwäldlerisch
Pyjama	Schlafanzug, Nachthemd
Regisseur	verantwortlicher Leiter bei einer Aufführung oder Filmproduktion
Requisiteur	verwaltet Requisiten (Zubehör für eine Bühnenaufführung oder Filmszene)
Sphinx	Statue, die den König in Form eines Löwen mit Menschenkopf darstellt
Website	bestimmte Stelle im Internet, auf der ein Anbieter Informationen, Bilder, Filme etc. veröffentlicht
World Wide Web	weltweites Datennetz